南通笔记

靳飞 撰辑
范梅强 书法
卢树民 题签

北京出版集团
北京出版社

图书在版编目（CIP）数据

南通笔记 / 靳飞撰辑. 一 北京：北京出版社，2024.5

ISBN 978-7-200-18651-2

Ⅰ. ①南… Ⅱ. ①靳… Ⅲ. ①文化史—南通 Ⅳ. ①K295.33

中国国家版本馆CIP数据核字（2024）第077405号

责任编辑：宋佩谦
责任印制：武绽蕾
封面设计：邓慧文

南通笔记
NANTONG BIJI
靳飞　撰辑
*
北　京　出　版　集　团
北　　京　　出　　版　　社　出版
（北京北三环中路6号）
邮政编码：100120

网　　址：www.bph.com.cn
北京出版集团总发行
新　华　书　店　经　销
河北环京美印刷有限公司印刷
*
889毫米×1194毫米　32开本　8.5印张　154千字
2024年5月第1版　2024年9月第2次印刷

ISBN 978-7-200-18651-2
定价：98.00元

编辑部电话：010－58572414；发行部电话：010－58572371

目　录

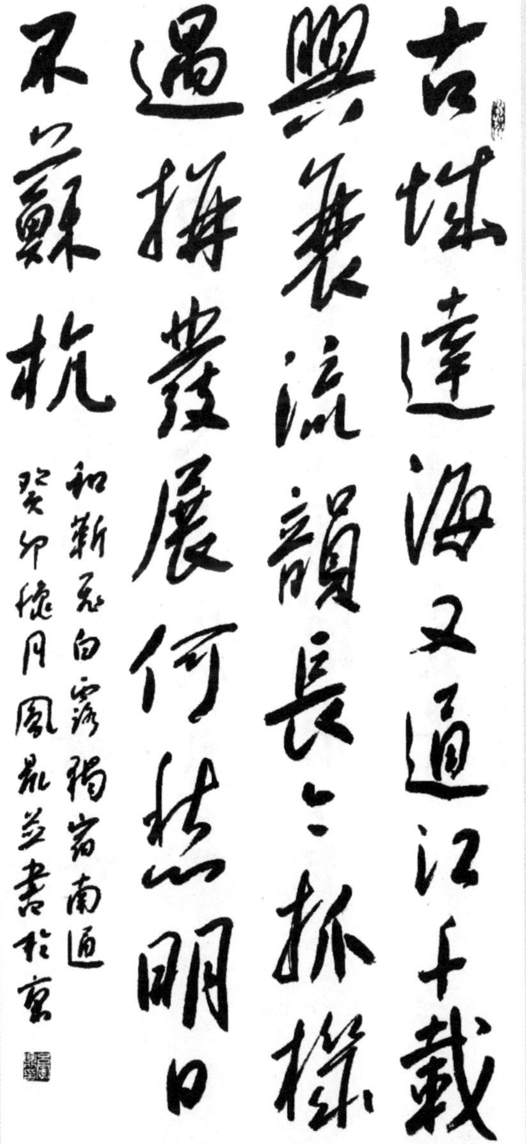

古城达海又通江，千载兴衰流韵长。
长抓机遇拼发展，何愁明日不苏杭。

中央外事办原副主任，中国驻瑞典前大使吕凤鼎书和靳飞南通绝句诗

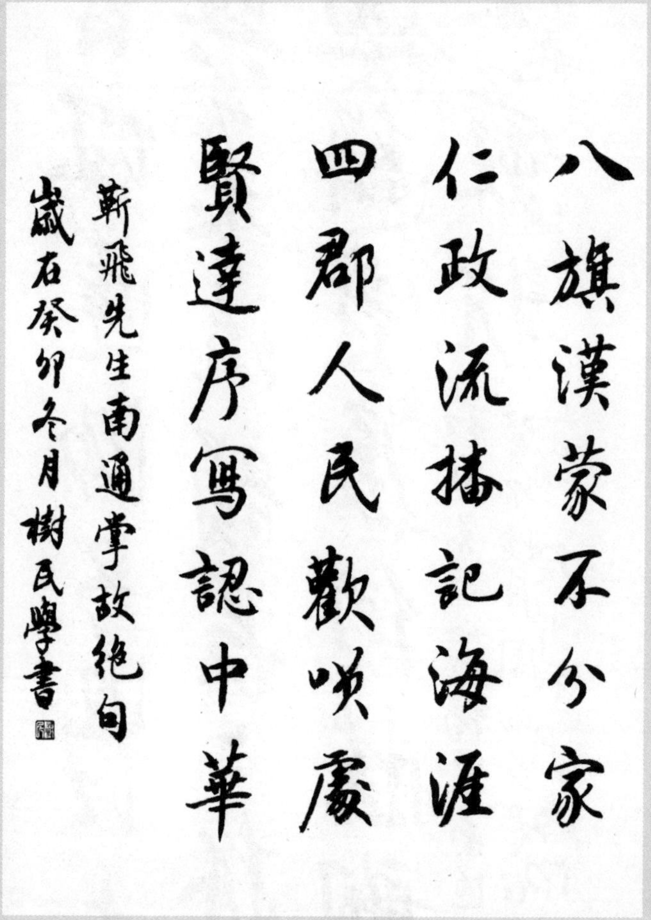

八旗汉蒙不分家，仁政流播记海涯。
四郡人民欢笑处，贤达序写认中华。

中国人民外交学会原党组书记、常务副会长，中国驻加拿大前大使卢树民书靳飞南通绝句诗

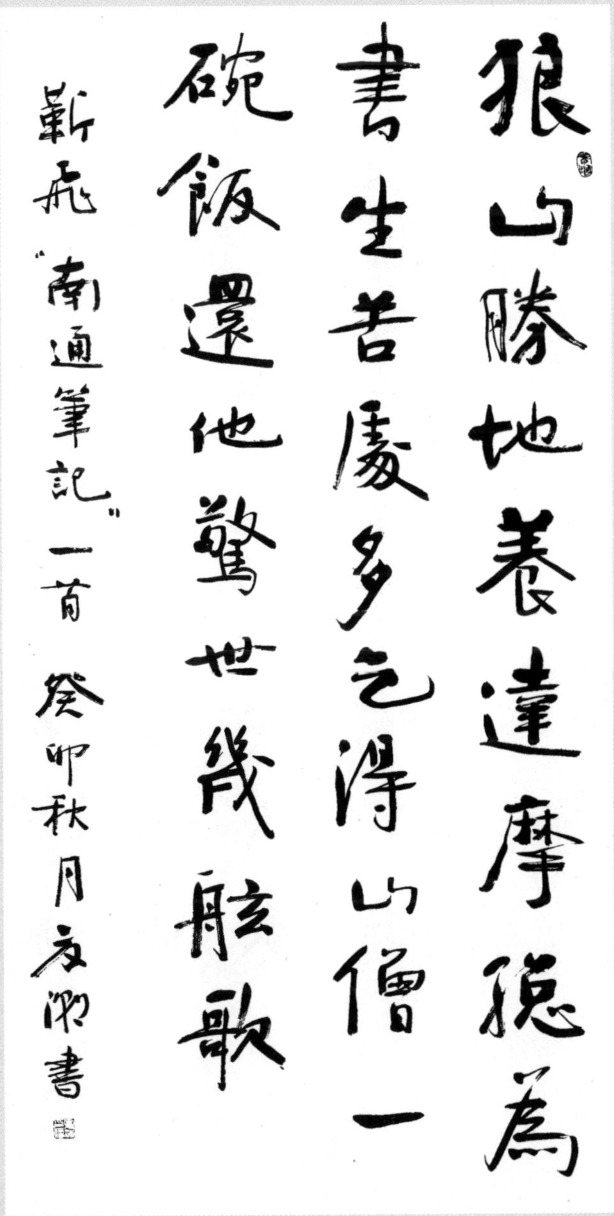

狼山胜地养达摩，总为书生苦处多。
乞得山僧一碗饭，还他惊世几舷歌。

中国文艺评论家协会主席，中国文联原党组成员、书记处书记夏潮书靳飞南通绝句诗

序

滨江临海·承南启北的城市

雅士靳飞，是我喜欢钦佩之人。

有才自不必说，诗词歌赋、文房古玩、香道茶道，到他那里信手拈来，自成一趣，巍然大观。

万没想到，他作为一个北通州土著，某日一头扎进南通州，从此“逢人便劝来南通”，劝得绘声绘色，入情入理，两眼放光，底气十足，让我这个地道的南通人汗颜又惭愧。更有甚者，他还性之所至写起了古体诗，举重若轻，势不可挡，如今皇然五十余首，开卷揽阅，儒雅、隽永、清新、澎湃之气扑面，如此高阶的玩法可不是一般人所能想象。

《南通笔记》书名很妙，既正式又随性，既丰富又雅致，作为一本南通的地理图志，链接了过去和现在，融合了风景和人文，打通了文学和历史，出入于文字内外，游弋于山河之间，既是集成，更是淬炼，创造了一种独特的艺术样式和文化表达。字里行间，都见一个峻拔飒爽的靳飞，行吟江海，指点江山，溯风翩跹，神采斐然。

已到南通或将到南通之人，手执这本笔记，便开启了通往南通的诗文导航，以此致敬远去的背影，触摸重要的坐标，检索绵延的文脉，感受独特的气象，何其幸哉快哉！

甲辰春月南通市文联主席　张华谨序

自 序

癸卯中秋前一日自京抵通，客寓在狼山山脚，桂子方开，虽数粟而香弥十步，不觉徘徊良久。越二日，杭之丁生与京之张君次第而至，二君并美丰仪也。张君携吴江亲友数人，亦俊秀之才。当晚开夜宴于金石酒店琼楼之上，但见江流壮阔，皓月当空，正《道德经》所云江海其善下之者也。南通东道主人，伟岸睿哲，谦谦君子，满座遂无有不欢者。予更于席次邂逅三十年前旧友，新识台湾之名居士，则予于是宴也，有识于三十年前者，有识于二十年前者，有识于十数年前者，有识于二三年前者，有识于二三小时前者。予少年畏酒，五十以后忽嗜酒，量竟倍增，逢此良辰，情之难禁，飞羽觞吟古调，乃不知为醺也。明日众友尽返，独桂子骤浓，恍然如大梦耳。夫独乐之乐，莫过文章。恰如皋张君所馈之冒辟疆先生全集寄达，展卷恍惚，直以古人为同人，恣意唱和，一发而不能收，月余而不能止，率性结集付梓，粗疏之处，仓促间亦不能顾之。若朴堂主人靳飞自序于北通州。

附：

作者简介

靳飞，“新京派文化”代表性作家、学者，别署若朴堂主人、前度佳公子。六十年代生于北京，少年时开始写作与戏剧研究，师从张中行、吴祖光、严文井、许觉民、胡絜青、萧乾、叶盛长等，曾任东京大学第一位外国人特任教授。2006年至2011年，与日本歌舞伎艺术家共同创作中日版昆剧《牡丹亭》，担任总制作人、导演、编剧。现任北京戏曲评论学会创会荣誉会长。出版散文随笔及研究著作有《风月无边》《樱雪盛世》《北京记忆》《茶禅一味》《煮酒烧红叶》《沉烟心事牡丹知》《张中行往事》《梅氏醉酒宝笈》《旧风旧雨》《靳飞戏剧随笔》《张伯驹年谱》《张伯驹笔记》《冯耿光笔记》《你们属于我的城市：若朴堂北京随笔选集》；《中国学者看日本》（徐城北、孙郁共著）、《日本意象》（邱华栋、祝勇共著）、梅兰芳《舞台生活四十年》（新星版）导读；主编《中国京剧经典剧目汇编》《梅葆玖画册》《梅葆玖纪念文集》等。

纪年对照表

唐

龙朔二年	662年
垂拱四年	688年
神龙元年	705年
景龙二年	708年
景龙四年	710年
天宝二年	743年
天宝七年	748年
天宝十年	751年
天宝十二年	753年

五代

天福五年	940年
显德五年	958年

南宋

建炎四年	1130年
庆元元年	1195年

元

至元十四年	1277年
至元十五年	1278年

明

弘治十年	1497年
嘉靖十六年	1537年
嘉靖四十四年	1565年
万历三年	1575年
万历七年	1579年
万历八年	1580年
万历十三年	1585年
万历十七年	1589年
万历二十年	1592年
万历二十三年	1595年
万历二十四年	1596年
万历三十九年	1611年
万历四十五年	1617年
万历四十八年	1620年
天启二年	1622年
天启四年	1624年
崇祯元年	1628年
崇祯六年	1633年
崇祯十三年	1640年

崇祯十五年	1642年
崇祯十六年	1643年
崇祯十七年	1644年

清

顺治元年	1644年
顺治三年	1646年
顺治四年	1647年
顺治八年	1651年
顺治十五年	1658年
顺治十六年	1659年
顺治十七年	1660年
顺治十八年	1661年
康熙二年	1663年
康熙七年	1668年
康熙八年	1669年
康熙九年	1670年
康熙十年	1671年
康熙十二年	1673年
康熙十三年	1674年
康熙十八年	1679年
康熙十九年	1680年
康熙二十年	1681年
康熙二十二年	1683年

康熙二十三年	1684年
康熙二十八年	1689年
康熙三十五年	1696年
康熙三十八年	1699年
康熙六十一年	1722年
雍正二年	1724年
雍正七年	1729年
乾隆七年	1742年
乾隆二十五年	1760年
乾隆二十六年	1761年
乾隆二十七年	1762年
乾隆四十五年	1780年
咸丰三年	1853年
同治五年	1866年
同治十年	1871年
光绪元年	1875年
光绪五年	1879年
光绪十五年	1889年
光绪二十年	1894年
光绪二十三年	1897年
宣统元年	1909年
宣统三年	1911年

南通之建制

南通市地方志编纂委员会办公室整理《万历〈通州志〉（点校本）》前言记，《晋书·地理上》载，“安帝分广陵郡之建陵、临江、如皋、宁海、蒲涛五县置山阳郡，属南兖州”。后周显德五年始有“通州”之名，为建州之始。清顺治十六年，顾祖禹著《读史方舆纪要》则云，“春秋时吴地，汉属临淮郡，后汉属广陵郡，晋末属海陵郡，宋齐因之。隋属江都郡，唐属扬州。后周置静海军，寻改通州。宋初仍为州，以州治静海县省入，领县一”。雍正二年，通州升为直隶州，隶江苏政使司，领如皋、泰兴两县。乾隆二十六年，改隶江宁布政使司。直隶州类同于府。今析如皋为如皋市、如东县。南通市目前辖崇川、通州、海门三区，如东县及启东市、如皋市、海安市，并设南通开发区、苏锡通园区、通州湾示范区。

若朴堂主人有诗赞之：

雨打长江云似画，江滨杨柳却如人。
南通自古连江海，风一吹来便入春。

又：

夜未急雨早花红，遍地江南浸润中。

鸟语千声歌万啭，劝君无事住南通。

友人吕凤鼎公曾任中央外事办副主任，中国驻瑞典大使，退官后优游林下，以诗书遣兴，有和作云：

古城达海又通江，千载兴衰流韵长。

长抓机遇拼发展，何愁明日不苏杭。

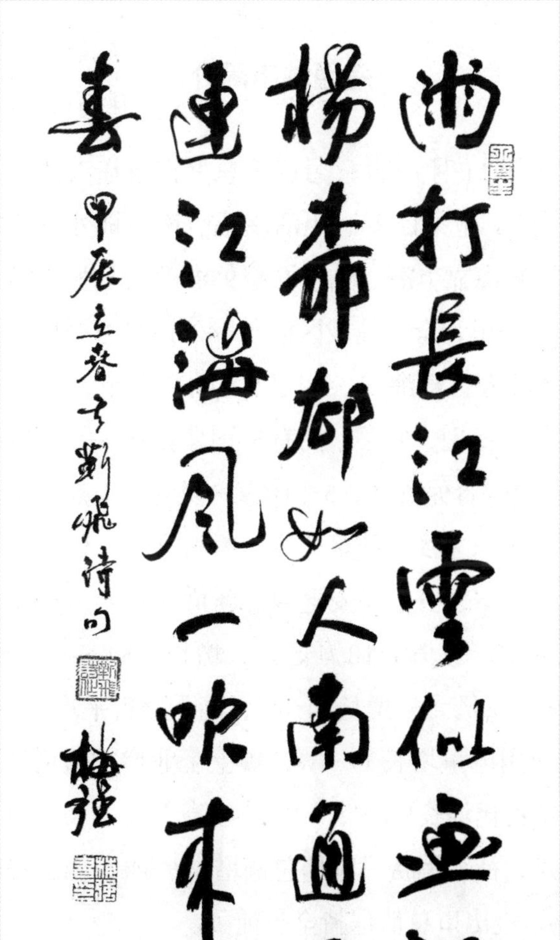

雨打长江云似画，江滨杨柳却如人。
南通自古连江海，风一吹来便入春。

范梅强书靳飞诗作

附：

南通城市简介

2020年11月12日，习近平总书记亲临南通，点赞南通“好通”、沧桑巨变、生活幸福。南通地处江苏省东南部，靠江靠海靠上海，陆域面积9380平方公里，海域面积8949平方公里，全市建成区面积442.16平方公里，常住人口774.4万人，辖海安、如皋、启东3个市，如东县和崇川、通州、海门3个区，拥有5个国家级、12个省级开发园区和1个综合保税区，5个国家一类开放口岸。南通是全国著名的纺织之乡、建筑之乡、教育之乡、体育之乡、长寿之乡、文博之乡、平安之乡、新侨之乡。2023年，全市实现地区生产总值1.18万亿元、增长5.8%；一般公共预算收入680.2亿元、增长11.0%、高于全省平均3.7个百分点；工业用电量增长17.4%，规上工业增加值增长8.8%，工业开票销售增长9.0%，增幅分别高于全省10.2、1.2、5.2个百分点；社会消费品零售总额增长6.5%，固定资产投资增长3%，进出口总值保持全省前列。

南通，滨江临海、承南启北，沐浴着水韵江苏第一缕阳光。万里长江由此入海，长江、东海、黄海三水交汇处——启东圆陀角，是全省最早迎来日出的地方。南通拥有长江岸线166公里、海岸线276公里，是全国首批对外开放沿海港口城市，是上海“1+8”大都市圈长江以北唯一城市，也是江苏“1+3”重点功能区中唯一具有扬子江城市群、沿海经济带“双重功能”的城市。“一桥飞架南北、天堑变通途”，在已有三条过江通道基础上，张靖皋、海太、北沿江（通沪）三条过江通道和通苏嘉甬高铁加快建设，苏通二通道前期工作扎实推进，“八龙过江”格局加速构建。南通新机场规划建设稳步推进。通州湾长江集装箱运输新出海口起步港区开港运营。规划共建长江口产业创新协同区写入省委十四届四次全会《决定》，并得到国家发改委支持，通州湾石化双循环基地重大产业项目取得突破。南通处于“一带一路”和长江经济带交汇点的区位优势持续放大，一个襟江带海、联通内外的战略性开放枢纽加快形成。

南通，历史厚重、钟灵毓秀，展现着中国近代第一城魅力。6500年前开始成陆，新石器时代青墩遗址成为江淮东部原始文化重要代表。公元956年建城，中国近现代化先驱、清末状元张謇开风气之先，以先进理念规划建设治理城市，创造了诸多中国第一，探索构建的“一城三镇、城乡相间”城市格局具有典范性意义，南通被誉为“中国近代第一城”。江淮文化与吴越文化交融并蓄，狼山古刹名扬四海，千年濠河环抱古城，创成全国“生态文明建设示范区”，长江大保护全国示范，2023年PM2.5浓度全省最低、优良天数比率全省第一。这里先后走出54位两院院士、29位体育世界冠军，拥有江苏目前唯一一支中超球队支云足球俱乐部。南通荣膺全国文明城市“五连冠”“满堂红”，全国卫生城市“五连冠”，全国双拥模范城“七连冠”。

南通，崇商重工、经济活跃，续写着民族工业发祥地辉煌。习近平总书记称赞张謇为“爱国企业家的典范”。百年通商源远流长，足迹遍布全国及世界120多个国家和地区。南通“万事好通”营商环境品牌影响持续放大，经营主体总数突破125万户。海工装备和高技术船舶、高端纺织集群入选国家先进制造业集群，2023年六大产业集群产值突破1万亿元，列全国制造业高质量发展50强城市第12位。建筑业产值超过1.2万亿元，鲁班奖累计124个、全国地级市第一。2023年，长三角国家技术创新中心南通分中心、长三角光电技术创新中心等科创平台落地建设，引进科创项目1428个、新增国家级专精特新“小巨人”企业64家、净增高新技术企业736家；新开工5亿元以上工业项目231个、竣工达产198个，28个50亿元以上项目加快建设，中石油、华峰超纤等7个百亿级项目加快落地，发展动能持续增强。

奋进新征程，南通坚持以习近平新时代中国特色社会主义思想为指导，认真贯彻落实习近平总书记对江苏工作的重要讲话重要指示精神，突出“四个走在前”“四个新”重大任务，扎实开展重大项目攻坚突破年、营商环境提升年、机关作风建设提升年“三个年”活动，深入推进产业倍增、城市更新、债务管理“三个三年”行动，持续优化招商引资季度分析会、项目建设季度观摩会、科技创新双月例会、企业上市月度联席会等经济工作“四项机制”，抢抓机遇、乘势而上、勇挑大梁，奋力打造全省高质量发展重要增长极，谱写“强富美高”新南通现代化建设新篇章。

葛剑雄释通州华亭之关联

我以旧时笔记中每见有往返于通州华亭（上海松江）之间者，乃函沪上葛剑雄先生，询以两地关联。剑雄先生复函云，“唐天宝十年在苏州府境内置华亭县。五代天福五年，吴越以苏州东南地析置秀州，华亭县改属秀州。南宋庆元元年升秀州为嘉兴府。元至元十四年以华亭县置华亭府，十五年改称松江府。至明，松江府与通州均属京师南直隶，至清均属江苏省。元至元十四年置崇明州，与通州同属扬州路。至明降为崇明县，属苏州府。弘治十年兼隶于太仓州。清雍正二年专隶于太仓州。民国年间，先后属江苏南通、松江。一九二八年析崇明外沙置启东县。一九四九年六月崇明解放，属南通专区，一九五八年改属上海市”。若朴堂主人按：崇明今有两镇仍由南通辖。

唐大和尚鉴真两渡狼山

唐大和尚鉴真生于嗣圣五年，扬州江阳人，俗姓淳于，中宗神龙元年从南山宗道岸律师受菩萨戒，景龙二年于长安实际寺从弘景律师受具足戒，时年廿一岁。同年狼山广教寺开山僧伽因中宗迎请至长安，尊为国师，居荐福寺。道岸僧伽两大德于江淮均有盛名，则鉴真曾于长安与僧伽会面亦未可知。鉴真五十五岁为日僧荣睿、普照所请欲东渡弘法，因高丽僧如海诬告事件而罢。天宝二年十二月二次东渡，日本真人元开撰《唐大和上东征传》，汪向荣校注本称，鉴真一行自扬州举帆东下，“到狼沟浦被恶风飘浪击舟破，人总上岸，潮来水至人腰，和上在乌蓝草上，余人并在水中。冬寒风急，甚太辛苦”，乌蓝草即芦苇。亦有说此狼沟浦在太仓浏河口者。天宝七年六月，鉴真一行三十五人再渡，“至扬州新河，乘舟下至常州界狼山，风急浪高，旋转三山。明日得风，至越州三塔山”。新河者今之瓜州运河，此处之狼山即今之狼山则无疑问矣。再至天宝十二年十月，鉴真六十六岁自苏州黄泗浦六渡，十二月抵日本鹿儿岛，乃告成功。黄泗浦在今张家港市杨舍镇，二〇〇八年十一月遗址出土，副市长蒋鹏君曾陪余勘访。中日虽隔一衣带水，交往交融自古非易，实非有鉴真大和尚之金刚无畏力量所难为之也。

若朴堂主人诗赞云：

六渡东瀛创律宗，天台密教亦相从。
狼山黄泗观陈迹，我为今人愧暗庸。

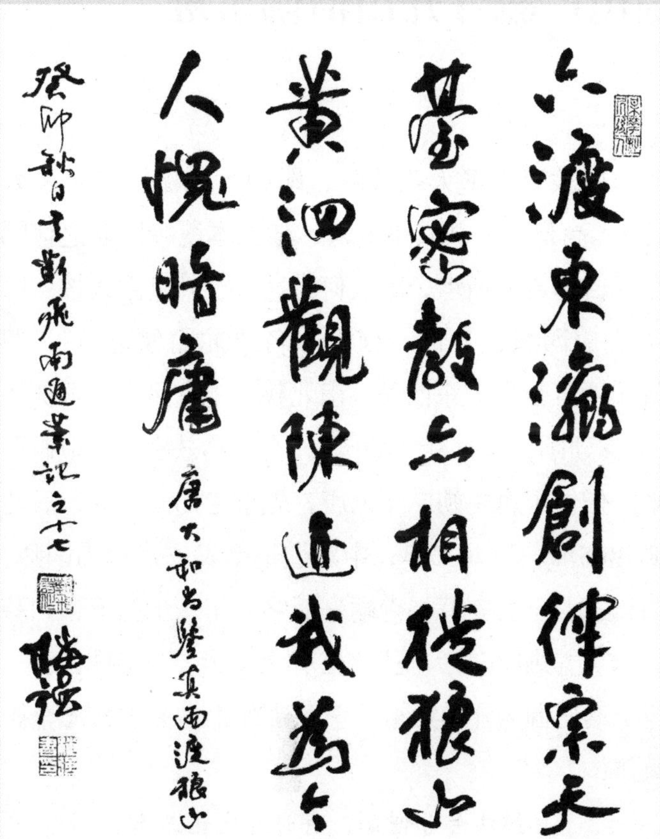

六渡东瀛创律宗，天台密教亦相从。
狼山黄泗观陈迹，我为今人愧暗庸。

范梅强书靳飞诗作

书狼山广教寺开山僧伽事迹

狼山广教寺供奉大圣菩萨，即唐大德僧伽。宋《太平广记》《高僧传》载其事迹云，僧伽本葱岭以北之何国人，在今吉尔吉斯斯坦，因以何为姓。若朴堂主人按：唐玄奘《大唐西域记》记“何国”名“屈霜你迦国”，谓之“周千四五百里。东西长，南北狭，土宜风俗同飒秣建国”。飒秣建国，唐时称“康国”，在今乌兹别克斯坦撒马罕一带。僧伽于唐龙朔二年入唐，先隶楚州龙兴寺，后建寺于泗州临淮。景龙二年，中宗迎请至长安，尊为国师。景龙四年三月于长安荐福寺端坐而终，年八十三岁，归葬泗州，宋太宗加封“大圣”，俗称大圣菩萨或泗州大圣。狼山建寺奉僧伽为开山始祖。李白诗有《僧伽歌》,《全唐诗》版作：

真僧法号号僧伽，有时与我论三车。
问言诵咒几千遍，口道恒河沙复沙。
此僧本住南天竺，为法头陀来此国。
戒得长天秋月明，心如世上青莲色。
意清净，貌棱棱，亦不减，亦不增。

瓶里千年铁柱骨，手中万岁胡孙藤。
嗟予落魄江淮久，罕遇真僧说空有。
一言散尽波罗夷，再礼浑除犯轻垢。

李白诗系作于僧伽身后，故有人以为系伪作者。余则以为当是太白于安史之乱间避难江淮，听闻僧伽故事有感而发，本非晤谈之记录也。唐时天台宗因湛然倡导而大盛，其宗依《大乘妙法莲花经》为教义，以“一念三千”“一心三观”而达“真空妙有”“三谛圆融”之境界，故又名法华宗。天台法华多与文士交往，为外来佛教与中土交融之明证，故能成其为中国佛教之首创宗派。李白之“有时与我论三车”，杜甫之“白牛车远近，且欲上慈航”，贯休诗“昔事堪惆怅，谈玄爱白牛”，皆在天台法华气氛中也。所谓“一心三观”，即中观空观假观，以空假不二为中观。三观亦即三谛，何必求李白果否亲见僧伽耶。太白诗之“波罗夷”句，见《法苑珠林》，以波罗夷者，为极重之罪；轻垢者，减轻一等，凡玷污净行之类皆是。李白意在云闻天台法华之法则一切可恕可谅也。又有读僧伽名号，以伽为茄音者，误也。伽字之用于佛教，有加、茄、嘎三音。嘎音最近梵语。按李白诗韵，僧伽宜读僧嘎或僧加，不宜读为僧茄。余之旧友王志远先生为佛教史学家，昔日赵朴初居士延请志远先生为主编，创刊《佛教文化》杂志，志远先生复引余为首期编委，此三十年前事也。余昨夜电志远先生就教，志远先生亦以读嘎或加为是。

若朴堂主人诗赞云：

青莲玉柄胡孙藤，三谛圆融证异僧。
问是空来还是假，狼山千载几崚嶒。

诗友剧作家王一舸君和诗云：

东海梵声通瀚海，照空万里一传灯。
今看风华依旧否，太白长歌引月升。

青莲玉柄胡孙藤，三谛圆融证异僧。
问是空来还是假，狼山千载几崚嶒。

范梅强书靳飞诗作

附：

僧伽像赞

张謇

僧伽唐圣僧，其归在淮泗。
万回定僧圣，观世音化身。
观音于东土，功德最广大。
圣迹之所著，当不离海上。
普陀落伽山，自昔有道场。
狼山在唐代，亦是海中岛。
其去泗上山，不过数百里。
若论海潮音，落伽亦无二。
况依佛子性，本无人我相。
若于此分别，即是有执著。
譬如今日山，以为在平陆。
试问若在海，于山何分别。
本体且无无，体外何有有。
还问诸圣者，如何离名言。
如何脱名相，或见正等觉。

狼山大圣像

张謇

李唐中世贞元中，澄观营建僧伽塔。
饶舌曾闻老万回，伽是观音化身给。
后来河淮争交流，泗州横入蛟龙呷。
塔成塔亏伽觉之，飞锡狼山分片衲。
当时山在江海间，渡大须舸小须艓。
忽渊忽陆三四朝，袭帝掀皇七八十。
佛眼未动一刹那，山木冬春几枝叶。
迩来百越富商贾，脱罪满船载圭璧。
奔驰不与泗上异，祈佛佛谁曾不臆。
不臆非智亦非愚，能脱身罪即是佛。
身果何罪脱何时，烽火枪刀天地黑。
狼山一塔出云表，观音僧伽二而一。
自解自脱佛何云，大江水黄溪水碧。

狼山广教寺为大势至菩萨道场

大势至菩萨与阿弥陀佛、观世音菩萨并称“西方三圣”，观世音菩萨为阿弥陀佛之左胁侍，大势至菩萨为右胁侍。大势至菩萨事迹见诸《楞严经·圆通章》及《佛说观无量寿经》诸经。今存《大势至菩萨密咒》，梵文为：

ong bazha hei ong bazha zhanzha mo he lu he na honghei

hum vaira phat om vajra chanda maha ro kha na hum phat

意在大势至菩萨现身时地动山摇，镇住一切，可以止战息兵。此亦《观无量寿经》中所称，“此菩萨行时，十方世界，一切震动”，“此菩萨坐时，七宝国土，一时动摇”。以此而知，大势至菩萨，以无上力佑护和平之佛也。

南通狼山广教寺立于江海汇聚之处，为当世罕有之大势至菩萨道场，足为狼山一奇。

岳飞曾任通泰镇抚使

南宋名将岳飞在二十七周岁时，即建炎四年八月，被委任为通泰镇抚使，兼知泰州，辖区在扬州以东，从泰州到南通一带。邓广铭《岳飞传》引《金佗稡编》卷十七所录，岳飞《乞淮东重难任使申省状》云："照得（岳）飞近准指挥，差（岳）飞充通泰州镇抚使，仰认朝廷使令之意，除已一面起发，前赴新任外，契勘金贼侵寇虔刘，其志未艾，要当速行剿杀，殄灭净尽，收复诸路；不然则岁月滋久，为患益深。若蒙朝廷允（岳）飞今来所乞，乞将（岳）飞母、妻为质，免充通泰州镇抚使，止除一淮南东路重难任使，令（岳）飞招集兵马，掩杀金贼，收复本路州郡，伺便迤逦收复山东、河北、河东、京畿等路故地，庶使（岳）飞平生之志得以少快，且以尽臣子报君之节。"则可知岳飞不欲接受此一职务，请求尚书省予以调换。然岳飞之请未获批准，岳遂率部于九月初抵泰州，其部受刘光世之节制。岳飞在泰州时，因持法严明，发生了斩前军统制官傅庆事件，以傅庆恃功恃宠，放荡不羁而杀之。据邓广铭《岳飞传》云，其年十一月金兵以二十万大军攻通泰，岳飞以泰州既无天险可守，又无地利可凭，遂以全军撤至今泰兴县境，分批渡江，移屯江阴，然后奏请朝廷以失守之罪对其惩处。朝廷下诏令岳飞即驻江阴，“极力捍御金人，毋得透漏”，对岳未予深责。南通后世建“四贤祠”，以岳飞为其一，当是出此渊源。

王世贞万历本《通州志》序

南通市地方志编纂委员会办公室寄新印万历本《通州志》到京，酒后展卷，读其序文之起句云："古益部有通州，而幽扬部无通州。自扬部之通州出，与幽部之通南北对峙而两，而益部之通废。"余醉大醒，拍案惊呼，此序者何人？非一流大家无此气象。其云益部通州，小通州也；而扬部通州即今南通横空出世，立与北京通州对峙而两。小通州废而大通州兴，仅此两句，序者雄视今古而俯视九州之格局毕见。急索序末署名，则明赐进士出身、嘉议大夫、前都察院右副都御史、两京大理太仆寺卿吴郡王世贞也。余亦恃才简慢者，读世贞数语，顿时低眉敛息称，自此牛马走矣。有诗为证：

七子风骚各廿年，南通太仓一江连。

开篇方到弇州序，牛马甘心难比肩。

王世贞者，太仓人，号弇州山人，与李攀龙等并为明"后七子"，曾居文坛首席二十年也。万历本《通州志》，地方志之无比精彩之佳作，明林云程主修，沈明臣纂而以顾养谦陈大科副之，编纂者固已知其精彩而露沾沾自喜之得色。

七子风骚各廿年，南通太仓一江连。
开篇方到弇州序，牛马甘心难比肩。

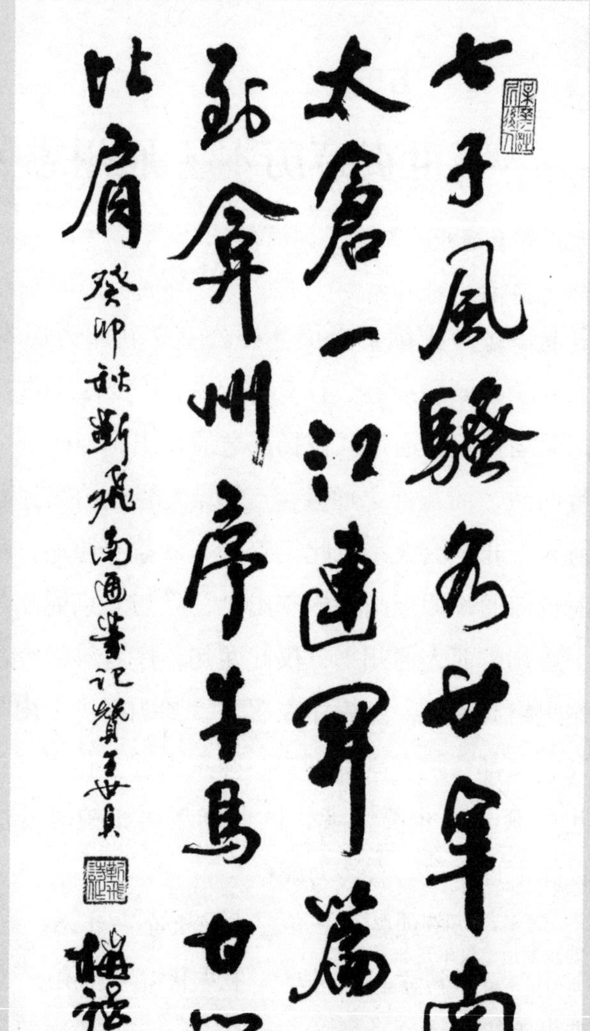

范梅强书靳飞诗作

附：

万历《通州志》序

[明] 王世贞

古益部有通州，而幽、扬部无通州[1]。自扬部之通州出，与幽部之通南北对峙而两，而益部之通废。扬部之通，其始仅一盐官地，稍稍进为州，复降为邑，至元而始定，属扬部，以逮我明。三百年来，盐盬[2]之利，衣食江南北，而其设险置兵，控扼吴、楚，屹然一重镇矣。地灵启而人杰

① 班固《汉书》卷二八《地理志》有云："尧遭洪水，怀山襄陵，天下分绝，为十二州，使禹治之。水土既平，更制九州，列五服，任土作贡。"清人王鸣盛《十七史商榷》卷十四"十三部"条即云："冀、兖、青、徐、扬、荆、豫、梁、雍、幽、并、营，此唐虞之十二州也。"又据《汉书》卷二八《地理志》，周"改禹徐、梁二州合之于雍、青，分冀州之地以为幽、并"，汉兴，"南置交阯，北置朔方之州……改雍曰凉，改梁曰益，凡十三部"。至此方有扬、幽、益之名。扬部相当于淮河以南、长江流域及岭南地区，益部相当于今陕西、四川盆地、汉中及部分云贵地区，而今北京则是幽部的核心地区。益部之通州乃四川达州古称，西魏废帝元钦二年（553）始有此名，宋乾德三年（965）改"达州"，至此"通州"之名遂废，而扬部之通州始设于后周显德五年（958），幽部之通州乃金天德三年（1151）升潞县置。因此，益部之通州乃中华大地上最早以此命名一州者，也是率先废止者。

② 盐盬：泛指盐池。《汉书·货殖传》："猗顿用盬盐起，邯郸郭纵以铸冶成业。"颜师古注："盐，盐池也。于盬造盐，故曰盬盐。"《隋书·食货志》："掌盐掌四盐之政令……二曰盐盐，引池以化之。"

辈出，冠带履舄[①]之盛，盖殷殷[②]焉。通，故领邑二：曰海门，曰崇明。崇明，越在海中央，以故通失之而改隶吾苏之太仓；而海门之隶通如故。[③]

自宋孙昭先之为《通志》十卷[④]，明通守严敦大、孙徽等后先凡六修，其卷自一以至六，其书或存或不存[⑤]。而海门之为"志"，则前尹玺而后崔桐，亦不能与《通志》合[⑥]。万历之三年，闽林君云程自南刑曹郎出守通，凡三载，政修人和。乃以其间考古图籍，作而叹曰："《志》，其可以已也夫？"谓顾君养谦、陈君大科："其州人可取证也，得无有所避乎！"谓沈子明臣："史材也而远，无避也。"于是聘沈而属之以顾、陈辅焉。仅及岁而志成，为卷八，卷

① 冠带履舄：冠带指帽子与腰带，而古代履为单底鞋、舄为复底鞋，"履舄"泛称鞋。此处代指官吏、士绅，言人文之盛。

② 殷殷：众多貌。《文选·左思〈魏都赋〉》有云："殷殷寰内，绳绳八区，锋镝纵横，化为战场。"李善注："殷，众也。"

③ 通州之沿革以及崇明之改隶苏州，参见本书第一卷《通州沿革表叙》。

④ 该句中，孙昭先，字延父，宋漳州龙溪人，淳熙间进士。该志为南通史上第一部州志，《舆地纪胜》《宋史·艺文志》《永乐大典》及万历《扬州府志》等皆著录或引述该志。

⑤ 所谓"后先凡六修"，指在本志之前，明代已修有六部州志：永乐《通州志》一卷，永乐十六年（1418）知州严敦大修；景泰《通州志》一卷，景泰五年（1454）知州孙徽修；弘治《通州志》二卷，弘治四年（1491）儒学训导施纪修；嘉靖《通州志》六卷，知州钟汪总其成，嘉靖九年（1530）付梓；嘉靖《通州志》四卷，嘉靖三十三年（1554）黄国用等修，丁铁纂，马坤序于首，丁铁自序于卷末；嘉靖《通州志》八卷，嘉靖三十八年（1559）喻南岳、李汝杜修，江一山等纂，有马坤、陈尧、李汝杜等序。参见本书第五卷《艺文志》。

⑥ 即寿昌令尹玺修成化《海门县志》及崔桐编纂嘉靖《海门县志》[嘉靖十五年（1536）修成]，参见本书第五卷《艺文志》。崔桐，本书第七卷有传。

之为啚[①]者一，表者二，志者二十六，传者十一，遗事者一。谓世贞[②]曙于文，以书介沈而请序焉。览之，灿如[③]也，乃又秩如[④]也已。

窃谓今志犹古史也。古者，千乘之国与附庸之邦皆有史官，以掌记时事，第不过君、卿、大夫言动[⑤]之一端；而所谓山川、土田、民物、风俗、兵防之类，意别有图籍以主之，志则无所不备录矣。是故古史之失在略，而今志之得在详也。然史之大纲在不虚嫐，不隐恶[⑥]，以故世子之隆崇，卿相之威灵，而执简者侃然而拟其后。今州邑之荐绅将举笔，而其人非邦君即先故，盖有所不得不避矣。是故古史之得，在直；而今志之失，在臾也。沈子之为《通

① 啚：同“圖”，唐玄应《一切经音义》卷八：“诏定古文官书，圖啚二形同。”

② 世贞：王世贞（1526—1590），字元美，号凤洲，又号弇州山人，南直隶苏州府太仓州（今江苏太仓）人。嘉靖二十六年（1547）进士。曾因恶张居正被罢归故里，张居正死后，王世贞起复为应天府尹、南京兵部侍郎，累官至南京刑部尚书，卒赠太子少保。王世贞为“后七子”之一，更是在李攀龙故后独掌文坛二十年，著有《弇州山人四部稿》《弇山堂别集》《嘉靖以来首辅传》《艺苑卮言》《觚不觚录》等。

③ 灿如：明白显豁貌。

④ 秩如：条理井然貌。

⑤ 言动：言行。《隋书·儒林传·刘炫》：“整缃素于凤池，记言动于麟阁。”金王若虚《〈论语辨惑〉总论》：“《乡党》所载，乃圣人言动之常，无意义者多矣。”

⑥ 不虚嫐，不隐恶：嫐，同“美”；“不虚美，不隐恶”语出《汉书·司马迁传赞》：“其文直，其事核，不虚美，不隐恶，故谓之实录”，指不夸饰美善、不隐瞒恶事，乃务实求真之史家精神。本句及下句意谓史家重实录，而方志则是郡人修撰当地史事，因乡邦之情、故旧之谊而多有谀词。

志》，毋论其晳体裁、挈纲目，博采精辨，文辞瑰丽而已，乃至官邪风慝，凛乎霜钺之加，有余畏焉，夫何下太史公传“酷吏”“佞幸”[①]哉！是《志》也，岂惟在通，以俟他郡国有余裁也，以俟一代有余采也。故因林君之请而之叙。

赐进士出身、嘉议大夫、前都察院右副都御史、两京大理太仆寺卿、郡王世贞撰。

① “酷吏”“佞幸”：指《史记》之《酷吏列传》《佞幸列传》。

《万历〈通州志〉》主修者

明万历三年林云程自南京刑部郎中因事谪通州知州。林云程字登卿，号震西，福建晋江人，嘉靖四十四年进士，其人宽厚温和，不以一己之浮沉为意，在通三年颇多建树，兴学黜邪，疏通市河，重修狼山诸景。顾养谦《修狼山记》记：

> （狼山）山寺废坏之七年，是为万历乙亥，（顾）养谦从岭南归，马治中樂从留都归，而陈司理大科先从河南归，乃相与谋曰：狼山寺之兴废，有关于吾郡不细，今废甚，当奈何？即欲新之，工又甚巨，非林大夫（林云程）主之不可。于是三人者走诣大夫，请新之。大夫即毅然曰：境内山川不治，谓守土者何？矧兹山寺，通所急耶，请听三君子新矣。又谓地方有大役，而不以闻诸上官，是自专。乃关白兵宪程公（时海防道按察使），程公俞其请，得赎金若干为工费。而先是，屈大夫希尹（前任知州）曾发赎金，令父老筑金刚殿故址，迄无功，屈大夫去，益懈。大

夫（林云程）乃稽故牒督责之，功用兴。顾（养谦）所请赎金仅十三，不足；大夫（林云程）所措置亦十三，复不足。令寺僧募土人之有力者，得金、米各有差，最后得侍御淄川王公发赎金若干为佐。力役以隙，征诸民与为期，更番之民不因，任忠勤、公正不苟、有识多才能者董其事，事悉委之。

以此可知林云程做事之勤勉。其主修《通州志》，用沈明臣为编纂。沈字嘉则，宁波人，曾于平倭之役中任职胡宗宪幕僚，参赞军务。协助沈修志之顾养谦、陈大科，后皆膺任封疆。

林云程自通州调知宿州，升任知九江府、知汝宁府。其在汝宁事迹，李卓吾《焚书》略有记之。林自汝宁辞归故乡，有重宴琼林之盛，得上寿，有云其寿至九旬者，著有《从兰馆史编钞》《兰窗杂记》。

若朴堂主人诗云：

生如大梦不由人，名姓长存近海滨。
青史江山都有志，董狐不必费舌唇。

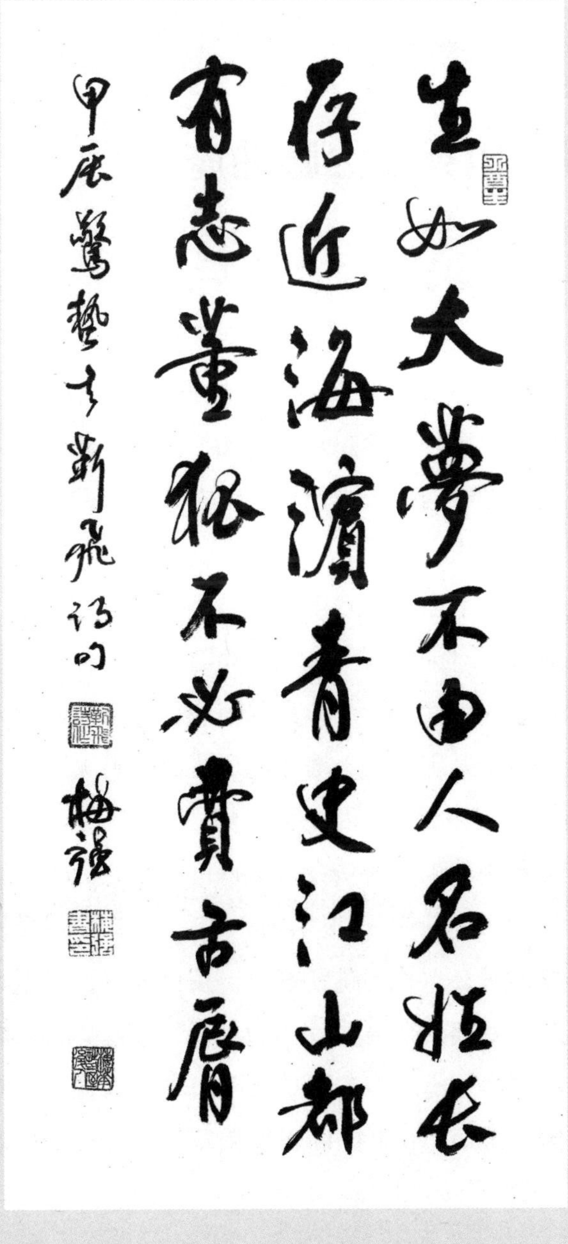

生如大梦不由人，名姓长存近海滨。
青史江山都有志，董狐不必费舌唇。

范梅强书靳飞诗作

会战丰臣秀吉之顾冲庵

明万历二十年，日本丰臣秀吉大举攻入朝鲜。朝鲜急向明求援，明廷先以宋应昌为兵部右侍郎兼任朝鲜经略，后宋与前敌军事指挥之总兵官李如松失和，明廷遂于万历二十三年以顾养谦代宋，出任兵部左侍郎、蓟辽总都，指挥在朝对日作战。

顾养谦生于嘉靖十六年丁酉，字益卿，号冲庵，南通州人，嘉靖四十四年进士，历官工部郎中、福建按察佥事、广东参议副使、蓟州镇兵备等职，能文能武，尤具军事才能。其于万历十三年擢升辽东巡抚，明沈德符《万历野获编》记其事云："丙戌丁亥间，顾冲庵养谦抚辽左，俘得海上零倭数十，皆贷命以实行伍，私念大虏目未识岛夷，可以奇胜之。一日报虏骑入犯，命诸倭仍故装匿中军，候战酣时，忽执刀跳跃齐出，虏惊未定，则霜刃及马足，皆路仆就戮，余骑并散。"及顾代宋应昌为朝鲜经略，派四川副总兵刘綎、广东副总兵陈璘率部入朝，迅即控制临津、宝山等地，由此阻断日军粮草供应，日军被迫撤出平壤，与明军开始和谈。

顾养谦深悉彼时之朝廷，万历帝昏惰无为，深居不出，既不视朝，不御讲筵，不亲郊庙，不批答章疏，中外缺官不补，朝中大臣朋党分歧，自为恩怨。顾囿于此种时局，乃力主撤兵封贡，上书乞封丰臣秀吉为日本王。孰料丰臣秀吉心有不甘，于万历二十四年九月二日“册封大典”之时反悔，欲以大同江为界分占朝鲜，谈判即告破裂。次年丰臣秀吉再派重兵二次入侵朝鲜，明廷以顾“数年无功”而罢其兵权，改官工部右侍郎总理河道。顾著《冲庵顾先生抚辽奏议》，收入《四库全书》。

若朴堂主人有诗云：

能臣何力拗君王，自古纷争猬庙堂。
经略辽东功未竟，冲庵奏议可衡量。

范梅强书靳飞诗作

能臣何力拗君王，自古纷争猬庙堂。
经略辽东功未竟，冲庵奏议可衡量。

顾养谦与李卓吾

顾养谦嘉靖四十四年中进士后历官福建广东各地，坐事调云南佥事，恰与明之异端思想家李贽为同僚，即如李贽之语，“若是真豪杰，决无有不识豪杰之人”，李顾两人遂成至交。

李贽，名载贽，字宏甫，号卓吾，世称卓吾先生，长顾养谦十岁，福建泉州人。其中举后于河南任教官，至贫，中年获任云南姚安知府，仅三年即力辞；于各地讲学，其说驳斥孔孟程朱，倡“童心说”，亦即个性解放，尤为后世鲁迅周作人兄弟所推重，奉其为先驱者。著有《藏书》《焚书》等，多诛心之论，如“昨日是而今日非矣，今日非而后日又是矣”；如“咸以孔子之是非为是非，故未尝有是非耳”，如“不言理财者，决不能治平天下”，终以言获罪，年七旬被逮诏狱，自杀，葬于京郊北通州北门外。近年政府迁其墓至通州西海子西路，正在予京宅左近，予曾数往谒之。

顾养谦有《赠姚安守温陵李先生致仕去滇序》文，记叙其与卓吾交往，文笔殊佳，不输王世贞等“后七子”。

顾文之妙，记卓吾颇具政治才干而不为官场束缚，然每每受制于夫人。先是卓吾欲独赴姚安，“其室人强从之”；卓吾辞官留住云南，“其室人昼夜涕泣请”，卓吾不得已从夫人至湖北黄安，即今之红安，依女儿女婿居住，是以卓吾亦不能任意妄为也。

若朴堂主人有诗赞曰：

顾氏文章记李颠，童心无畏却多怜。
是非非是谁能定，日下荒坟看蓟燕。

顾氏文章记李颠，童心无畏却多怜。
是非非是谁能定，日下荒坟看蓟燕。

范梅强书靳飞诗作

附：

赠姚安守温陵李先生致仕去滇序

[明]顾养谦

温陵李先生为姚安府且三年，大治，恳乞致其仕去。

初，先生以南京刑部尚书郎来守姚安，难关万里，不欲携其家，其室人强从之。盖先生居常游，每适意辄留，不肯归，故其室人患之，而强与偕行。至姚安，无何即欲去，不得遂，乃强留。然先生为姚安，一切持简易，任自然，务以德化人，不贾世俗能声。其为人汪洋停蓄，深博无涯涘，人莫得其端倪，而其见先生也，不言而意自消；自僚属、士民、胥隶、夷酋，无不化先生者，而先生无有也。此所谓无事而事事，无为而无不为者耶？

谦之备员洱海也，先生守姚安已年余，每与先生谈，辄夜分不忍别去，而自是先生不复言去矣。万历八年庚辰之春，谦以入贺当行。是时，先生历官且三年满矣，少需之，得上其绩，且加恩或上迁。而侍御刘公方按楚雄，先生一日谢簿书，封府库，携其家，去姚安而来楚雄，乞侍御公一言以去。侍御公曰："姚安守，贤者也。贤者而去之，吾不忍。非所以为国，不可以为风，吾不敢以为言。即欲去，不两月所为上其绩而以荣名终也，不其无恨于李君乎？"先生曰："非其任而居之，是旷官也，贽不敢也；需满以幸恩，是贪荣也，贽不为也；名声闻于朝矣，而去之，是钓名也，贽不能也。去即去耳，何能顾其他？”而两台皆勿许，于是先生还其家姚安，而走大理之鸡足。鸡足者，滇西名山也。两台知其意已决，不可留，乃为请于朝，得致其仕。

命下之日，谦方出都门，还趋滇，恐不及一晤先生而别也，乃至楚之常、武而程程物色之。至贵竹，而知先生尚留滇中，遨游山水间，未言归，归当以明年春，则甚喜。或谓谦曰：“李姚安始求去时，唯恐不一日去，今又何迟迟也？何谓哉！”谦曰：“李先生之去，去其官耳。去其官矣，何地而非家，又何迫迫于温陵者为？且温陵又无先生之家。”及至滇，而先生果欲便家滇中，则以其室人昼夜涕泣请，将归楚之黄安。盖先生女若婿皆在黄安，依耿先生以居，故其室人第愿得归黄安云。先生别号曰卓吾居士。卓吾居士别有传，不具述，述其所以去滇者如此。

先生之行，取道西蜀，将穿三峡，览瞿塘、滟滪之胜，而时时过访其相知故人，则愿先生无复留，携其家人一意达黄安，使其母子得相共，终初念，而后东西南北，唯吾所适，不亦可乎？先生曰：“诺。”遂行。

李卓吾论顾养谦

袁中道《李温陵传》论李卓吾云："公为人中燠外冷，丰骨棱棱。性甚卞急，好面折人过，士非参其神契者不与言。强力任性，不强其意之所不欲。"卓吾虽具性格，其与南通顾养谦之交也厚，所著《焚书》收书信三通足以为证。

李卓吾《复顾冲庵翁书》之一，应作于明万历七年至八年间，即李辞云南姚安知府际，顾正因公自滇至京，闻讯急函卓吾欲返滇送行。卓吾复书云："某非负心人也，况公盖世人豪；四海之内，凡有目能视，有足能行，有手能供奉，无不愿奔走追陪，藉一顾以为重，归依以终老也，况于不肖某哉，公于此可以信其心矣。"此则可视作卓吾予顾之评价。

书之一言及"（卓吾）求师访友，未尝置怀，而第一念实在通海"，则顾当有南通之邀而卓吾亦有此愿也。顾氏宅在今崇川区西大街迤西，柳家巷南，养谦晚岁归乡建有珠媚园居住。

卓吾书之二仍系谈"通海之游"，云，"向在龙湖，尚有长江一带为我限隔，今居白下（南京），只隔江耳。住来十余月矣，而竟不能至，或一日而三四度发心，或一月而六七度欲发”。此则应作于袁中郎《李温陵传》“焦公弱侯迎之（卓吾）秣陵”之时。弱侯者，万历十七年状元焦竑也。惜卓吾未能成行，行之，袁中郎当补记“顾公冲庵迎之通海”之句。

卓吾书之三题作《又书使通州诗后》，其时顾养谦已卸去朝鲜经略职，卓吾颇有安慰之心，云：“公天人也，而世莫知；公大人也，而世莫知。夫公为天人而世莫知，犹未害也；公为一世大人，而世人不知，世人又将何赖耶？目今倭奴屯结釜山，自谓十年生聚，十年训练，可以安坐而制朝鲜矣。今者援之，中、边皆空，海陆并运，八年未已，公独鳌钓通海，视等乡邻，不一引手投足，又何其忍耶。非公能忍，世人固已忍舍公也。此非仇公，亦非仇国，未知公之为大人耳。诚知公之为大人也，即欲舍公，其又奚肯？”

卓吾之前两书，顾氏如何作答均可想见，唯此第三书实难回复。顾氏文稿除奏议外多佚，深憾之，然有卓吾之三书，亦无憾矣。

若朴堂主人诗云：

远守滇边幸有邻，江宁通海费舌唇。

温陵无赖非佳客，肯寄书来论大人。

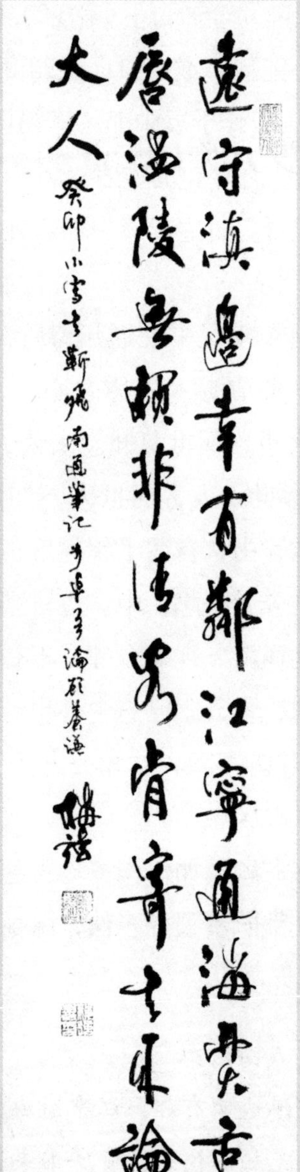

远守滇边幸有邻，江宁通海费舌唇。
温陵无赖非佳客，肯寄书来论大人。

范梅强书靳飞诗作

沙元炳记清初如皋李氏案

沙元炳《志颐堂诗文集》有《明礼部侍郎李公备传》，记明天启二年进士李之椿，出身如皋望族南峰李氏，字大生，号徂徕，官吏部文选司主事，以严鲠清峭难容于朝，返如于城东南隅建指树园，于狼山结种松诗社，天下慕其风流。明亡，弘光帝即位南京，召李之椿为礼部侍郎，兵败再次返如。清顺治四年正月，如皋民赵云、李七举兵反清，宣称李之椿为盟主。适陈之龙降清不久，官凤阳巡抚，派军剿灭赵李并捕李之椿下狱鞫治，两年后遇大赦释之。继而江阴贡生黄毓祺匿居于通州湖荡桥薛继周家，响应明监国鲁王号召密议起事，复为陈之龙所侦知，擒黄毓祺于通州法宝寺。李之椿恐为之牵连而遁至武夷，其子李旦携母及妻避居常熟羊尖镇，"时往来江上为间谍"，李旦曾于鲁王监国中获委御史。

沙元炳文叙，"（顺治）十五年秋，有谢庭兰者，娈童也，与（李）旦嬖妾通，觉而毒杀其妾，庭兰跳身京师，鬻于内府为银工，乘间言于上，尽发"。大狱由此而兴，李之椿李旦父子均被逮至南京，之椿于狱中绝食七日而死，年五十六岁。顺治十六年三月，李旦等四十八人问斩，祸近灭门。

所幸者，一是李旦子仙宗遇救，沙元炳文云，“有义士柏仲祥者，能日行三百里，负（李）旦子仙宗逃，被获，仲祥死南京，仙宗配为奴，籍其家”。一是李之椿弟李之柱，及之柱之子李鼎亦入狱，李鼎字五鼎，其妻即冒辟疆之姊，因之得冒辟疆亲赴南京全力营救，李之柱李鼎父子乃得开释。韩菼撰《冒潜孝先生（冒辟疆）墓志铭》所云，“（冒）于族党尤有恩，祖姑老而无子，迎事之终身。姊归，后家破，亦如之”。冒姊事即隐指李氏大案。

寄居冒辟疆宅之陈维崧，与李鼎之子李仙原交厚，仙原字延公，陈为之作《李延公诗序》亦言及李氏案，维崧文云，“如皋李生延公，经年不与宾客相见，则以家难故，居恒独好为诗。陈生再至如皋，读书巢民先生（冒辟疆）家，而李生亦无家久，依其舅氏，以故两人朝夕得相见，相见则必论诗，顾李生诗益工。李生既以名家子，一旦门户偾裂，姓名为当世所讳，不肯录之齿牙间。其尊甫先生又被絷石城（南京），情理危迫，宗族毁败，至欲求为马医夏畦而不可得”。马医夏畦即指农夫，谓李氏境况尚在农夫之下，盖维崧与延公相识，李之柱父子尚在羁狱也。

若朴堂主人诗云：

南峰溅血事惊魂，字字读来满泪痕。

抚育捐躯谁更易，程婴哀苦问公孙。

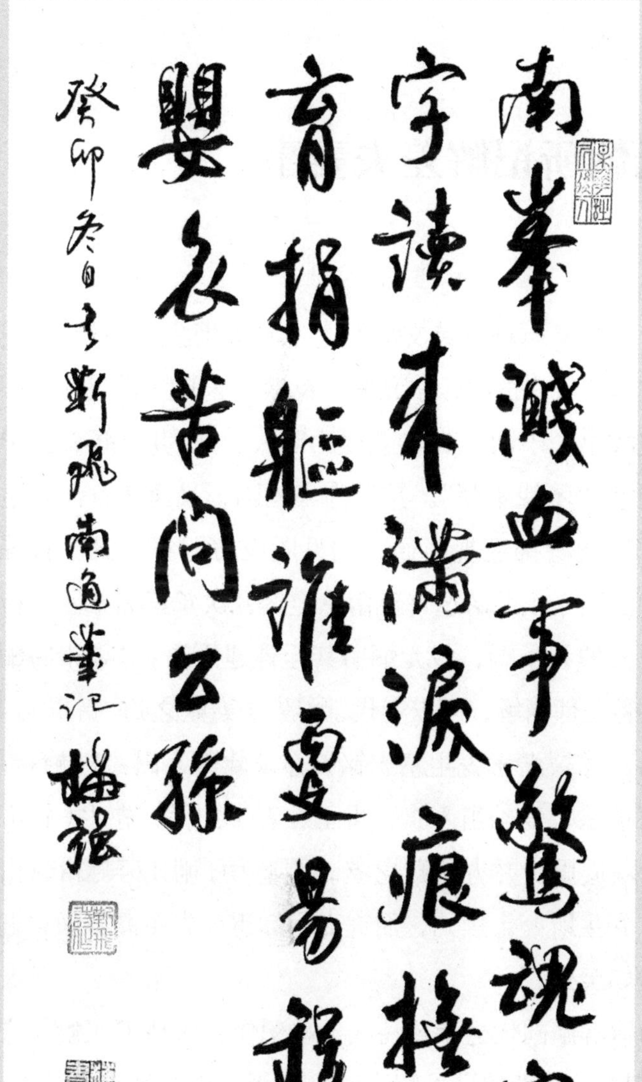

南峰溅血事惊魂，字字读来满泪痕。
抚育捐躯谁更易，程婴哀苦问公孙。

范梅强书靳飞诗作

沙元炳所记解差夫妻事

沙元炳《志颐堂诗文集》之《许元博先生备传》，记清初如皋布衣许德溥，字元博，夜读《宋史·岳飞传》而效岳飞故事，于两臂刺字“生为明人，死为明鬼”，又于胸前刺字“不愧本朝”。其后为人构陷，又逢统管江防之操江都御史陈锦巡视南通，知县殷应寅即将许案上报陈锦，顺治四年正月解送许至南京定案，次年三月十四日被斩。许元博无子嗣，沙元炳引其侄许建雨语：“妻朱将配旗，县胥王熊当解，阴以妻代，冒先生襄赎之归。”

韩菼《冒潜孝先生墓志铭》亦录此事，曰：“邑有许生以诬被法，妻子当入旗，胥王姓者实护行，先生（冒辟疆）予以道里赀并办所赎之费，胥感动，阴以其妻代行，久之以先生所办金赎妇，而许妻不知也。先生高胥义，迎养其夫妇至死。”

与冒辟疆同代之泰州诗人吴嘉纪作五古诗《王解子夫妇》，其序云：“如皋王解子，酷嗜酒。里有义士妻某氏，罚当戍，县官差解子往送。归，悲惋终日，为之置饮，其妇询知，愿以身代义士妻，送至戍所。值乡人以金赎义士妻还，不知其为解子妇也”。

沙元炳之友冒鹤亭则记云：“顺治初布衣许德溥以抗节死，妻当流徙，官令役王姓者解送，王以妻代，士夫高其义。”冒鹤亭诗赞之：“落落东皋旧酒徒，王熊风义世间无。悲来欲语无驺卒，自爇心香展画图。”

若朴堂主人用鹤亭原韵和之：

人间奇迹剧中无，解役夫妻胜巨儒。
女似孟尝真好义，穷王贵冒两浮屠。

人间奇迹剧中无，解役夫妻胜巨儒。
女似孟尝真好义，穷王贵冒两浮屠。

范梅强书靳飞诗作

冒辟疆为蒙古后裔

明倪元璐《冒辟疆朴巢诗序》云："辟疆天才蔚起，退居海滨，结一巢于荒原古朴之上，而息影其间。"冒辟疆本蒙古族后裔，其先世为元镇南王脱欢（一说为脱脱之后），又有云其姓篾儿吉得氏者。余在旅中，柬社科院古代史所汪润博士在京中代为索得《北京图书馆藏珍本年谱丛刊》，其记如皋冒氏云，元至正年间冒氏始祖冒致中以荐举儒术而任两淮盐运司丞，分巡丰利诸盐场；元亡遁迹如皋，改以冒姓，聚书数千卷，勤学好修。张士诚曾强征之至苏州，终以疾力辞而返。有明一代，冒氏多有举进士者。辟疆祖父梦龄，由选贡得知会昌县，升南宁知州。父起宗，崇祯元年进士，官兖西佥事。明亡，辟疆亦不仕，家有园池亭馆之胜，一时名士咸聚如皋，招致无虚日，馆餐唯恐不及，如皋乃以辟疆而名闻四海。辟疆后人，得中进士举人者，著书立说者，更难以计数。冒氏自元末迄今凡六百年，累世书香，鸿儒辈出，实赓续中华文脉之奇迹也。

若朴堂主人有诗赞之云：

一统文明化汉胡，从来大道纳殊途。
如皋冒氏出蒙古，六百春秋号正儒。

王一舸君和曰：

淮左盐霜暗旧庐，如皋才子梦荒疏。
影梅庵里沉香冷，底事何辜问蠹鱼。

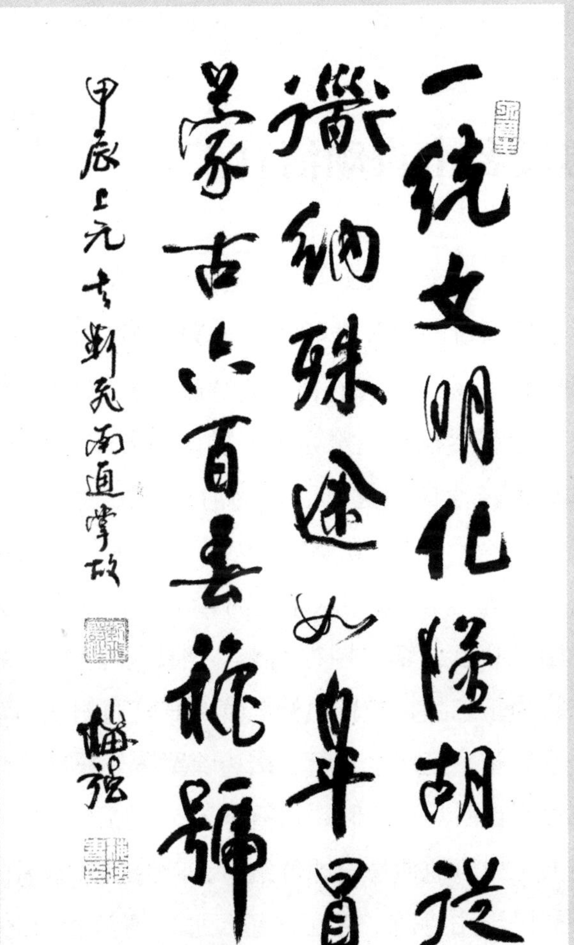

一统文明化汉胡，从来大道纳殊途。
如皋冒氏出蒙古，六百春秋号正儒。

范梅强书靳飞诗作

明逸民名士肯颂清官

蒙古后裔冒辟疆入清不仕，甘以明逸民自居，然其七旬高龄时作有《五狼督府镇台公德政序》，对清江南狼山总兵官诺迈极尽揄扬，殊为不可思议。诺迈者，字眉居，汉军八旗都统李国翰之子，母为清初亲王之女。汉军八旗，王士禛释云，“本朝制，以八旗辽东人号为汉军，以直省人为汉人”。清康熙八年九月，诺迈以八旗参领升任江南狼山总兵官，辖“四郡五十一州县”。《清史稿》记，狼山总兵为正二品，统辖镇标二营，兼辖通州水师营、泰州营、泰兴营、三江水师营。诺迈除军务外兼理民政。南通一带自明亡后兵火不断，盗冠不绝。清顺治十八年又经工部尚书正白旗他他拉氏即苏纳海，以海氛未靖为由而强迁滨海居民毁山寺院。迄至诺迈至通，情势遂为之一变，农安于野、商安于市、军士严职、百货辐集、兴革利弊，社会重归安定。诺迈能以“元臣子弟”而礼贤下士，延揽咨议，安抚缙绅，南通今传狼山寺院亦诺迈重建，现存“紫琅禅院”刻石，此皆冒辟疆所称“德政”者。

辟疆文中更言及亲身经历云，“襄（辟疆名襄）东皋之编氓也，往岁奉母里居。公按部至邑，式庐之典，必首寒门。襄岁一报谒，公肆筵设乐铃阁之下，县榻以须，留连信宿，必极欢而后罢。比者奉先恭人之讳，公专使慰藉，损俸赙遗，开函捧读，泪未尝不渍纸也”。式庐者，谓诺迈多次至如皋冒氏宅拜望；县榻者，县通悬，用《后汉书》之陈蕃典，意即辟疆至诺迈处，诺迈皆在公署招待并留宿。辟疆母逝，诺迈亦赠赙金慰问。凡此种种辟疆至为感动。康熙十九年九月诺迈升任福建提督，官至一品。辟疆破例作文惜别，起句“国家龙兴辽左”，则已示认同清之统治矣。

诺迈抵闽，襄助总督姚启圣，巡抚吴兴祚，参与收复台湾事宜。康熙二十年十一月调京，任镶蓝旗汉军都统，约于康熙三十五年逝，谥襄恪。按：甲胄有劳曰襄，威容端严曰恪。谓诺迈之有军功也。诺迈妻亦出身宗室，有子李杕（音地），袭三等伯，娶宗室女，为觉罗额附。诺迈墓在京西南房山羊头岗，有碑《诺迈谕祭碑》《诺迈诰封碑》，均有拓片存世。

若朴堂主人有诗赞曰：

八旗汉蒙不分家，仁政流播记海涯。

四郡人民欢笑处，贤达序写认中华。

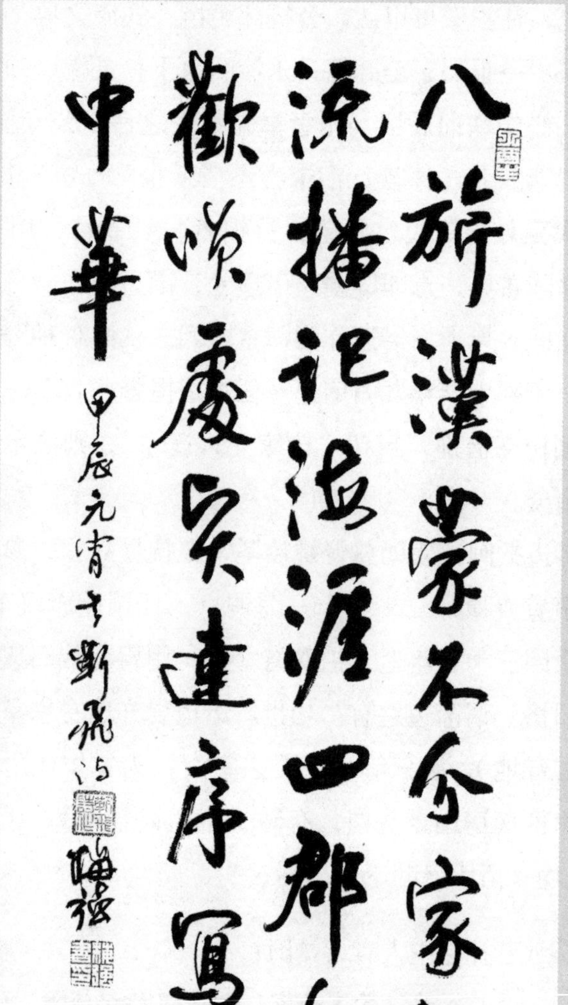

八旗汉蒙不分家，仁政流播记海涯。
四郡人民欢笑处，贤达序写认中华。

范梅强书靳飞诗作

附：

五狼督府镇台公德政序

［明末清初］冒襄

国家龙兴辽左，以三韩为丰沛之乡。一时栉风沐雨，诸臣勒旂常而书竹帛，项背相望，二三著姓，金貂蝉联，布满朝列，或入侍帷幄，或出领节钺，率皆三韩之产也。江南大总戎眉居诺公，以元臣子弟开阃崇川，建牙树纛，功在疆场。在事八年，我四郡五十一州县之民，待葩于公之怀抱者，如赤子之仰慈母也。雉皋去崇川百里，而近公政教所及，独先于他州县而沐浴德泽，讴吟而思慕者，亦较他州县倍切。

今试观一邑之中，问荷耒而耕者何以颂公？曰："八年以来，卒五严职，鸡犬晏如，农安于野。谁之德？"问负贩洗削者何以颂公？曰："八年以来，平价贸易，百货辐集，贾安于市。谁之德？"于是俊民秀士之颂公者曰："公笃缁衣之好，礼贤下士，忘分折节，片长寸善，悉蒙采录，其敢忘公之赐？"于是缙绅大夫之颂公者曰："公友贤事仁，延揽咨访，地方利弊，咸得敷陈，公乃折衷而兴革焉，其敢忘公之赐？"而缁黄之尸祝于寺观也，而累囚之尸祝于图圄也，而介胄虎旅之尸祝于行间也。一邑如是，知四郡五十一州县莫不如是。襄虽善颂，其何以加兹？虽然，襄更有致私颂于公者。襄东皋之编氓也，往岁奉母里居，公按部至邑，式庐之典，必首寒门。襄岁一报谒，公肆筵设乐，铃阁之下，县榻以须，留连信宿，必极欢而后罢。比者奉先恭人之讳，公专使慰藉，损俸赙遗，开函捧读，泪未尝不渍于纸也。襄何以得此于公哉。他日云台麟阁，功名在褒鄂之间，襄虽老耄，犹能为公纪成绩焉，则丰沛之泽固历百世而未艾也夫！

清初南通官员与收复台湾

清康熙二十二年六月收复台湾，底定海疆，设置台湾府，隶福建省，下辖台湾、诸罗、凤山三县。

平台之役，南通官员参与者有三。其一者，为福建总督姚启圣。姚为绍兴奇人，明天启四年生，宽额长髯，目光如电，膂力惊人，以任侠自喜。《清史稿》及清同治十年进士陈康祺所著《郎潜纪闻》均载，启圣二十岁即得署理南通州知州，到任立捕当地土豪杖杀之，然后弃官而走。又曾于萧山因救被掠女子而杀二卒，归女子还家。启圣闻有何氏女，力能举石臼如无物，迎娶为妻。

其二者，即姚启圣与何氏之子姚仪，雄伟强健，“尝驱驷马，驾奔车，自后掣之，马为之却”。姚仪随父与台湾郑经父子战，康熙二十二年正月，累积军功升授狼山总兵官。

其三者，姚仪之前任狼山总兵官诺迈，康熙十九年九月自南通升任福建提督，协同姚启圣参与收台事宜。

姚氏父子及诺迈虽非南通人氏，然此亦南通之掌故也，不可不记之。

若朴堂主人有诗赞曰：

姚家父子力无穷，底定海疆不世功。

岂料狼山出虎将，长江尽处日当红。

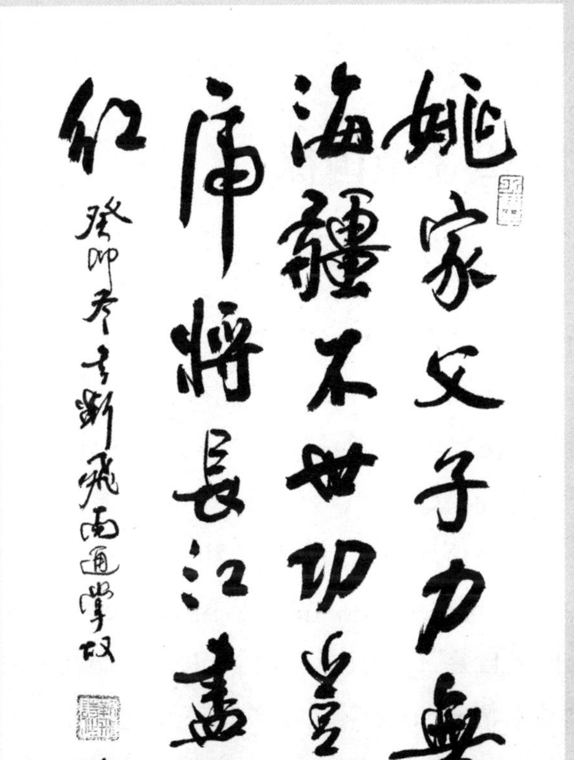

姚家父子力无穷，底定海疆不世功。
岂料狼山出虎将，长江尽处日当红。

范梅强书靳飞诗作

崇川贵公子范国禄

南通范氏称为宋范仲淹后裔之别支，移通后诗文世家十余世绵延不绝，而尤以清初范国禄冠绝一时。范国禄字汝受，号十山，明天启四年甲子生，入清不仕，以“崇川贵公子”自诩，好山水，好花木，好禅，其诗流丽洒脱，非拈茎苦吟者所能为之。如其《和新安老人〈登狼山观海〉》句，“放眼苦不远，立身苦不高，天地自大人自小，日月自闲人自劳”；如其《江雨》句，“云暗江天去更留，风吹雨乱众情秋”；如其《次韵杨三兄九日登北山》句，“不从旧社声名在，肯负平生酒放杯”；如其《闻旦法师示寂石塔》句，“一笑无言相莫逆，两人从此各悠然”；超然豁达，笔力雄健，为明清鼎革际所罕有。其人清傲不羁，才思敏捷，与陈维崧邓汉仪李笠翁为至好，陈维崧为徐紫云作《惆怅诗》二十首，范国禄竟为之和作二十首，此为冒鹤亭《云郎小史》所未载也。

今印《万历〈通州志〉(点校本)》前言记，“康熙十三年，知州王宜亨先后聘范国禄、王僘通等修康熙《通州志》十五卷”。此另有一说为，国禄因修志而“为人所构，自削其名，投书而去，十年于外”。邓汉仪有词《念奴娇》，云“听范汝受谈崇川近事”而作，词云：“海头江尾，看银涛，直泻狼山之麓。当日攒峰多结构，尽是僧龛佛屋。老树千章，奇葩万朵，一一云霞簇。自经烽火，崇川新置都督。　　一望细柳军营，鸣铙击鼓，刈尽名园竹。雪洒垆头吴女髻，浪说苏州小幅。明月空堤，官梅旧阁，有客伤心独。闲谈絮说，泪珠抛下盈斛。”

邓汉仪词意在狼山总兵易人前后南通诸多变化累及范氏，然范诗中则记与“诺镇帅”“张都督汉槎”“漕抚大司马沈公”“罗郡侯兼摄兵宪”诸当政者均有往来，所谓修志而自削其名事，犹有疑也。范氏公子作为，诗家习性，最难把握。

若朴堂主人诗云：

崇川公子独绝尘，梦语心思几上人。

诗似长江直贯涌，奇峰奇句幻奇身。

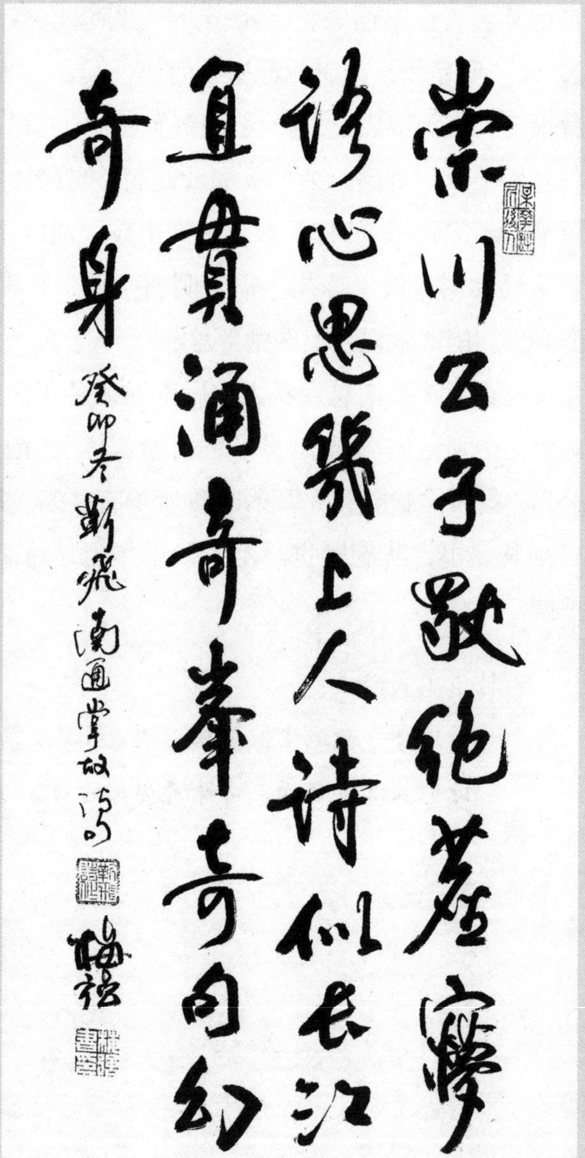

崇川公子独绝尘，梦语心思几上人。
诗似长江直贯涌，奇峰奇句幻奇身。

范梅强书靳飞诗作

《红楼梦》引邓汉仪诗

高鹗续之《红楼梦》末回记袭人嫁蒋玉菡处，作者评之云，“正是前人过那桃花庙的诗上说道”，“千古艰难惟一死，伤心岂独息夫人”。所谓前人者，清初邓汉仪也。息夫人为春秋时息国君夫人，又称桃花夫人，其事见于《左传》，庙在湖北黄陂。唐杜牧有《题桃花夫人庙》云，“细腰宫里露桃新，脉脉无言度几春。至竟息亡缘底事，可怜金谷坠楼人”。邓汉仪诗收入其《慎墨堂诗拾》，题作《题息人庙》，诗云，“楚宫慵扫黛眉新，只自无言对暮春。千古艰难惟一死，伤心岂独息夫人”。邓用杜牧韵，其笔力雄健沉痛，竟出杜牧之上也。此诗一出，震动当时。

邓汉仪字孝威，号旧山，晚号缽叟，明万历四十五年丁巳生于泰州，清康熙十八年举博学宏词，授中书舍人归乡，康熙二十八年秋卒，年七十三岁。其壮岁以前，淹洽通敏，贯穿经史百家之籍，作幕各地，见闻尤广。清初结识龚鼎孳，随龚沉浮宦海，相交至深，及龚于康熙二年重任左都御史，始辞龚返泰，自此长住故里，全力著述。

清初泰州与如皋为一地，邓汉仪早于明季结识冒辟疆，复因龚鼎孳故而与冒多往来，归住泰州则与冒时相过从，康熙二十三年以贫窘携子邓勖采借寓冒氏水绘园年余，是故汉仪亦水绘园中人也。汉仪自康熙九年起，始编《诗观》，迄至康熙二十八年，共成初二三集，收录明末清初诗人作品最丰。其初集自序云："《十五国名家诗观》之选成，予反复读之，作而叹曰：嗟乎，此真一代之书也已。当夫前朝末叶，铜马纵横，中原尽为荆榛，黎庶悉遭虏戮。于是乎神京不守，而庙社遂移，有志之士为之哀板荡、痛仳离焉，此其时之一变。继而狂寇鼠窜于秦中，列镇鸱张于淮甸，驯至瓯闽黔蜀之间，兵戈罔靖而烽燧时闻，此其时为再变。若乃乾坤肇造，版宇咸归，使仕者得委蛇结绶于清时，而农人亦秉耒耕田，相与歌太平而咏勤苦，此其时又为一变。"则邓汉仪之《诗观》，非诗史也，鼎革中之国人心灵史也，惜其于乾隆四十五年前后遭禁毁，不得窥其全貌焉。

当汉仪编选《诗观》际，正冒氏水绘园繁茂，各方人物踵至之时，冒氏于《诗观》应有所助。且值陈维崧客如皋，并冒辟疆兄弟父子，及张圯授、邵潜诸诗家，实已成"如皋诗派"之实，此未为世人所察也，今当为文以张之。

又，邓汉仪六十七岁受两江总督之属，会同昆山蔡方炳、冒辟疆次子冒丹书等五十三人，编纂《江南通志》，今犹存也。

若朴堂主人诗云：

诗当乱世尽诛心，字字嚎出不必吟。

僻静如皋歌却富，华堂日日湿衣襟。

诗当乱世尽诛心，字字嚎出不必吟。
僻静如皋歌却富，华堂日日湿衣襟。

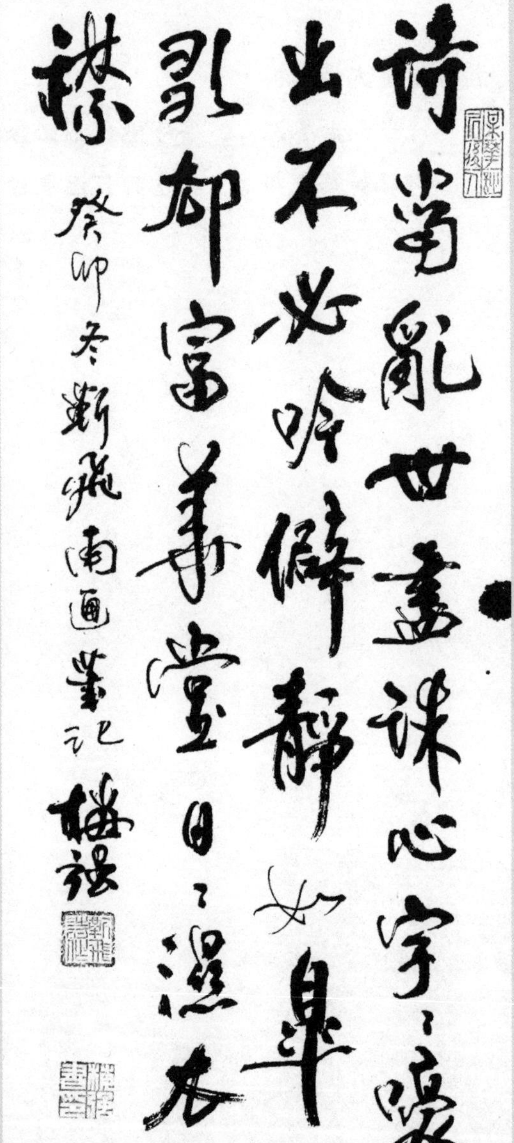

范梅强书靳飞诗作

李笠翁生长于如皋

予少年嗜笠翁小说剧作，及旅居东京又与庆应大学冈晴夫教授为友，冈为笠翁研究之专门家，故每晤必谈笠翁。笠翁即李渔，其《无声戏》《风筝误》《比目鱼》《十二楼》《连城璧》《闲情偶寄》，皆风行于中日。

李渔祖籍浙江兰溪，明万历三十九年八月初七日生于如皋，其家似于其祖父时已移住皋，以经营药材及行医为业，伯父李如椿最是闻名乡里。李渔既生殷实之家，幼读诗书颇有志于科举，十五岁作《刻桐诗》云，“小时种梧桐，桐本细如艾。针尖刻小诗，字瘦皮不坏。刹那三五年，桐大字亦大。桐字已如许，人长亦奚怪。好将感叹词，刻向前诗外。新字日相催，旧字不相待，顾此新旧痕，而为悠忽戒”。

其十七岁迎娶徐氏，十九岁丧父，亦皆在皋经历也。有云其十九岁时逢如皋大疫，全家染病，李渔独因食杨梅而得先治愈，故其终生嗜食杨梅。约至明崇祯六年以科举故自如皋返兰溪，多次应考不售，四十岁后定居杭州，改八股为戏文小说，笔下风月尤能动人，遂成大名；又自组家班演剧，造芥子园会天下文士，逍遥如神仙。

李渔住杭之前曾重至如皋，一则与崇川诗人范国禄罗休杨麓等往来唱和，一则返皋探视戚友。范国禄有数诗记其事，其《芙蓉池上同李渔罗休杨麓拏舟观荷》云，“倚山池馆就凉开，香泛荷花水半隈。欲向中流操楫去，却从陆地荡舟来。美人笑解江皋珮，醉客吟登泽畔台。日暮风光青渺渺，蒲菰杨柳一潆洄”。又有《次韵答李渔》，“何用肮脏六尺为，文章自古傲须眉。一帆烟雨连三吴，孤剑风霜双影随。青海却怜长舌在，白狼相订举家移。平生尚有经心事，旗鼓中原肯让谁”。李笠翁亦在如皋留诗有《过雉皋忆先大兄》，诗云，“一望皋城百感生，无兄何暇说嘤鸣。可怜夜月飞鸿雁，不忍春花看紫荆。在日埙篪无可乐，别来急难有谁惊。明朝谒墓愁风月，一哭能教地有声”。范李诗足证李渔之于如皋犹有深情也。

若朴堂主人诗云：

笠翁怎是素心人，寂寞江皋尽旧尘。

管领风情新艳曲，武林处处好游春。

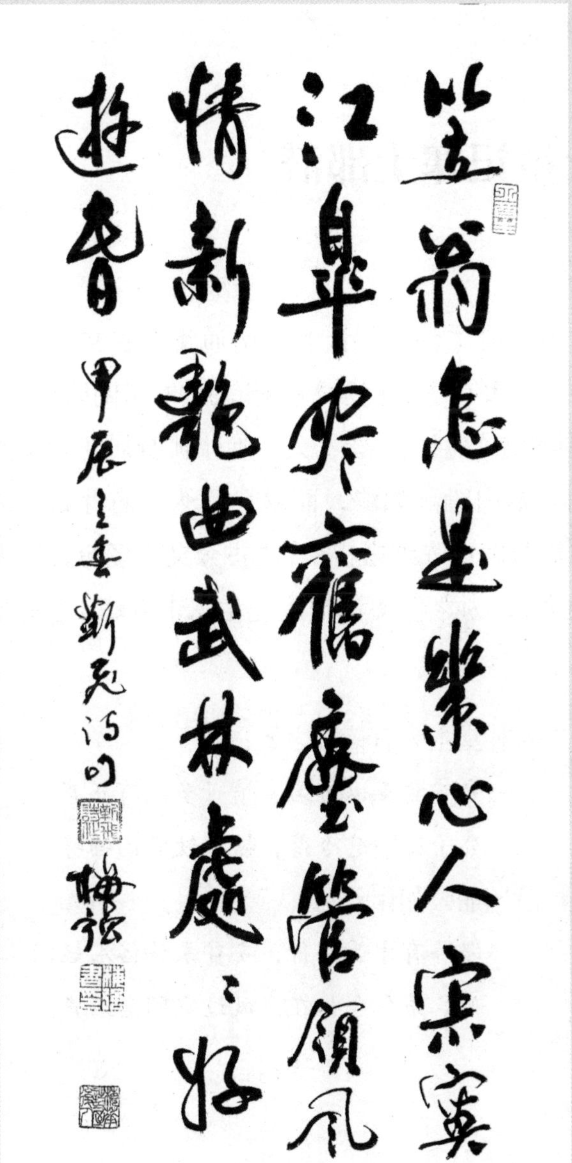

笠翁怎是素心人，寂寞江皋尽旧尘。
管领风情新艳曲，武林处处好游春。

范梅强书靳飞诗作

王士禛记寒士邵潜

清王士禛《池北偶谈》记南通州布衣文士邵潜，号五岳外臣，著有《循吏录》《友谊录》《皇明印史》《州乘资》。其性傲僻倔强，善骂人，晚年孤身居住如皋西门茅屋三间，室内黝黑如漆，而双眸炯然，筋骨如铁，八旬尚能饮酒数觞。陈维崧曾云，“古今文人多穷，然未有如邵先生者”，为之作《邵潜夫先生八十寿序》《邵山人潜夫传》。

若朴堂主人有诗赞之云：

安贫竟至以穷名，愤世多能有正声。

公子公卿悲冷落，铁书铁骨尚峥峥。

吕凤鼎公和作云：

邵潜有才兼有行，安贫未许俗人轻。

如皋茅舍今如在，风过定闻金石声。

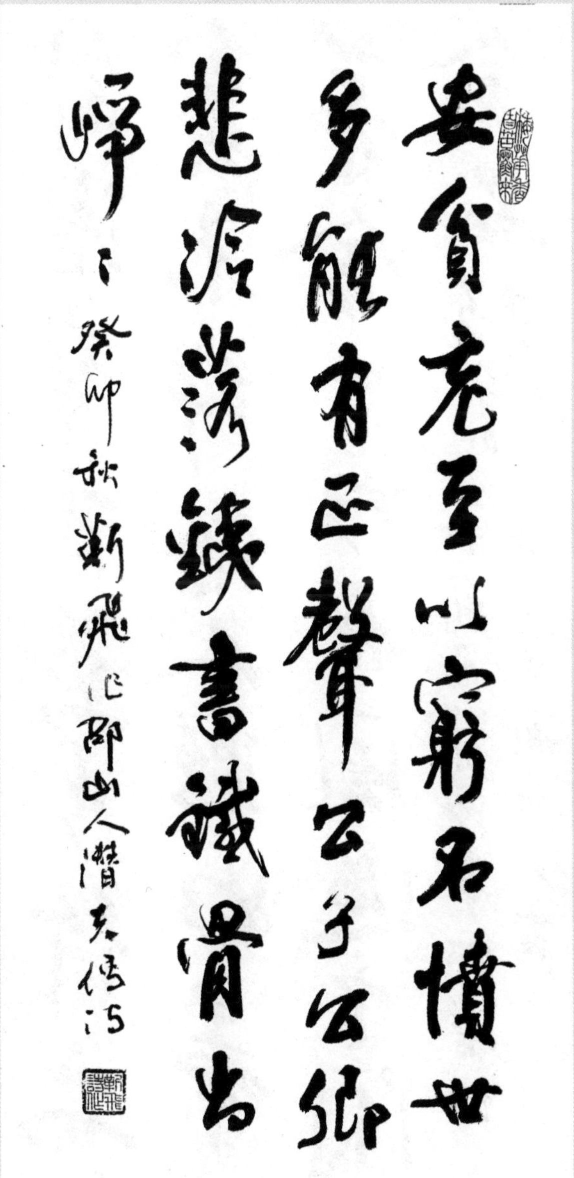

安贫竟至以穷名，愤世多能有正声。
公子公卿悲冷落，铁书铁骨尚峥峥。

范梅强书靳飞诗作

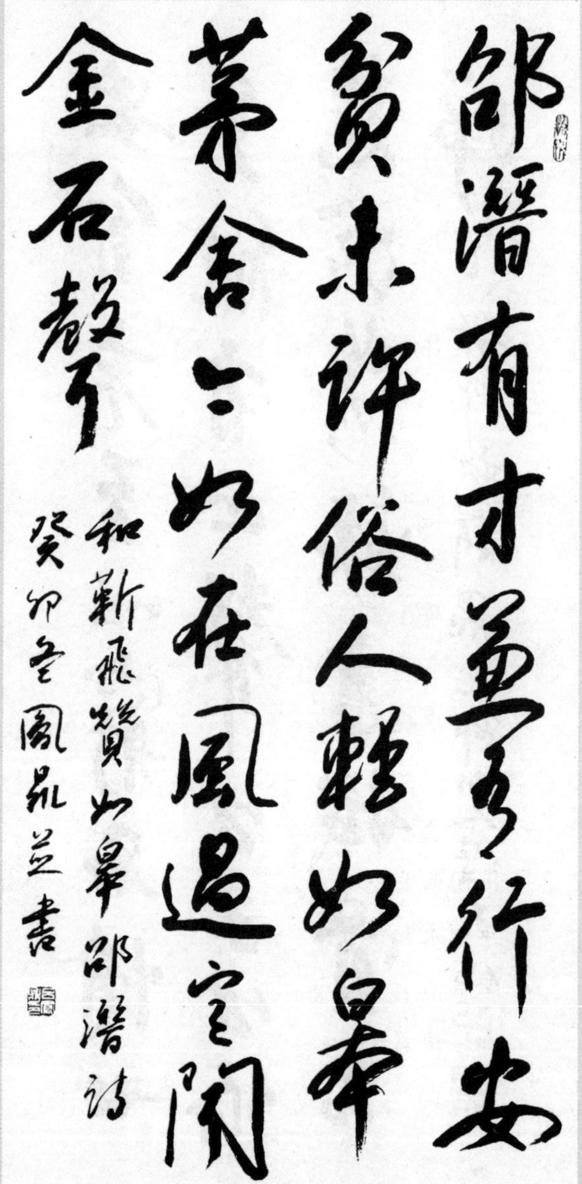

邵潜有才兼有行，安贫未许俗人轻。如皋茅舍今如在，风过定闻金石声。

吕凤鼎自书诗作

附：

邵潜诗三首

并蒂茉莉诗

冰蕤共蒂弄清光，露立中庭异众芳。
秦虢双娥容并洁，潇湘二女体俱香。
经宵月缀鸳鸯佩，侵晓云龙翡翠裳。
应是化工微有意，故将花信报仙郎。

谷梁世兄生子以己亥人日满月赋此为赠

生儿方匝月，恰喜遘灵辰。
质已毓阳德，气仍含早春。
家驹今日誉，国宝异时珍。
重庆筵前色，宁夸胜作人。

乙巳上巳水绘园修禊即席分体限韵

山园曲曲恣寻幽，不减兰亭昔日游。
年似永和饶丽景，客同大令自名流。
歌声宛转云间出，酒气絪缊水上浮。
却怪诸君太无赖，师成顷刻傲前修。

邵潜夫先生八十寿序

［清］陈维崧

今人贱老而贵少，而邵先生行年且八十，岂得不困哉！顾今天下之贱文士也，其视老人也又甚。衣冠之胄，上车不落则官著作，体中如何则拜秘书。乘坚刺齿肥乐甚，下至屠酤者儿，属有天幸，生平不识一书，饱数十碗肉羹耳。若闭户而诵一先生家言，无益不与通也。今邵先生年既八十，且又善属文，以故益大困。邵先生既久困，而平居辄侘傺，言曰："吾年既八十，且又善属文，若辈且如我何哉！"卒自若。陈生之来如皋也，客有短邵先生于陈生者，曰："邵先生虽工诗歌古文辞，多读书，然其为人非人情，不可近，子且慎勿与游。"陈生则窃从邵先生游。居无何，客又有谓陈生者曰："邵先生善使气，好座上谩骂人，是常于钟景陵舟中而面诋其密友谭元春，又常过虞山谒钱宗伯，稍待久之，即骂阍者而去。"陈生从邵先生游，则又窃示以诗若干，邵先生率又大称善。陈生曰：夫世之不近人情者何限，能骂人者又何限，顾论者独深求邵先生，则非以邵先生贫且老哉？邵先生年八十，穷无所依，僦居于如皋之城西门。皋既僻远，而城西又皋之僻远处，邵先生居之，绳枢瓮牖，出无儿，入又无妇也，仅一里媪依其门楗以居，则为邵先生爇火作糜耳。邵先生家既贫，然实为廷评公后，不惯恶衣食，饭必择精凿者。性又畏蒜韭诸物，不喜与人共食器。居既僻远，室中无人，不能夜饮。诸少年或强留之，则绝裾而去。既出户，语喃喃不休，人遂以邵先生为非人情，不可近。且又善骂人，群然哗之。其实邵先生衰年暮齿，所遇多不如意者，人又不能谅先生，而或反以溷先生，可感也。先生所为诗，上下汉魏三唐，沉郁深浑，才法兼至。赋、序、书记诸杂文，上逼周秦，次则陵轹班马。盖先生之学，包括史籍，根据经术，所选一书，最号精致。尤复博通字学，旁核籀篆。其编辑已刻未刻书若干卷，皆有裨史学。诗集则冒嵩少先生为梓以行世云。先生字潜夫，《通州宪纲录》中所谓明诗人邵潜是也。先生每过陈生，辄深语移日。酒酣抵掌追述生平贤豪长者游，如李本宁、邹彦古、黄贞父，陈仲醇诸先生，零落略尽，远者在五六十年前。江南人家园亭台榭之盛，如无锡邹氏、钱塘葛氏，亦皆数数易主，甚或不可问。而金陵鸣珂巷，昔日所为狭斜游者，已化为圈牢处矣，因相与叹息泣下。已又自言骨肉乖违，房闱离异，五伦之道，几于殄灭。甚者有朱翁子去妇之事。忌妻悍室，家道轗轲。盖陈生闻先生言，怆然如刘孝标所自序也。天之于先生甚矣哉！夫古今文人才士，穷愁者为多，然未有穷愁如邵先生者。先生既谬嗜陈生文，而年正八十，私谓陈生，是不可以无言。夫陈生则又奚言！吾窃悲斯世无信陵公子，而乃令邵先生亦不一过其门，则先生又出侯生上矣。

冒辟疆三观《燕子笺》（其一）

明末政坛之反复小人阮大铖实有大才华，所作传奇《燕子笺》《春灯谜》《牟尼合》《双金榜》诸剧奇佳。《燕子笺》初刊于崇祯十五年，叙唐代才子霍都梁与名妓华行云恋爱故事，“（南明）弘光时，曾以此曲供奉内廷，一时朱门绮席，奏演无虚日，是以大江南北脍炙人口也”（吴梅语）。

其剧问世正值冒辟疆在南京纳“秦淮八艳”之董小宛为副室，是年即壬午年中秋，冒董友好公宴于桃叶水阁为贺，冒辟疆《影梅庵忆语》记云：

> 秦淮中秋日，四方同社诸友感姬（董小宛）为余不辞盗贼风波之险，间关相从，因置酒桃叶水阁。时在座为眉楼顾夫人（顾横波）、寒秀斋李夫人（或即李宛君），皆与姬为至戚，美其属余，咸来相庆。是日新演《燕子笺》，曲尽情艳，至霍华离合处，姬泣下，顾李亦泣下。一时才子佳人，楼台烟水，新声明月，俱足千古。至今思之，不异游仙枕上梦幻也。

崇祯十七年三月十九日，李自成攻陷北京，桃叶水阁座中诸氏皆饱经离难，直如《长生殿》之《小宴·惊变》情节也。

若朴堂主人诗云：

秦淮八艳命悲哀，金粉黄埃警后来。

戏剧人生无两样，相分后场换前台。

范梅强书靳飞诗作

秦淮八艳命悲哀，金粉黄埃警后来。
戏剧人生无两样，相分后场换前台。

冒辟疆三观《燕子笺》(其二)

明崇祯十七年即清顺治元年甲申，五月十五日福王朱由崧在南京即帝位，以明年为弘光元年，马士英以拥立之功任东阁大学士兼兵部尚书，阮大铖任兵部右侍郎。

复社四公子之陈贞慧子陈维崧忆云：“金陵歌舞诸部甲天下，而怀宁(阮大铖)歌者为冠，所歌词皆出其主人。诸先生(指陈贞慧、冒辟疆等复社骨干)闻歌者名，漫召之，而怀宁(阮大铖)者素为诸先生诟厉也，日夜欲自赎，深念固未有路耳，则亟命歌者来，而令其老奴率以来。是日演怀宁(阮大铖)所撰《燕子笺》，而诸先生固醉，醉而且骂且称善。怀宁(阮大铖)闻之殊恨。甲申，南立弘光帝，而党人之狱乃起。时先君(陈贞慧)以请邮来建康(南京)，先生(冒辟疆)亦以特用李官(司理)拜疏阙下，而一日者夜将半，梅金吾、邓都尉微行谓先君(陈贞慧)曰：‘皖人(阮大铖)有大憾于子，子曷行乎。’先君(陈贞慧)未及行而遂及于狱，藉居间力卒解。方事之殷也，而捕先君(陈贞慧)者迹且至冒先生所云。冒先生虽慷慨好节，屡为鸷猾者中，几蹈不测，然居恒周人之急，重然诺，好施与，出人于厄，上天报施善人，卒亦赖是不败。”

陈贞慧之被逮在甲申九月十四日，维崧满二十岁，其记忆当可信也。吴梅村余怀诸氏文亦曾记此事，只未如维崧详尽。孔尚任于康熙三十八年定稿之《桃花扇》，叙复社四公子侯方域与秦淮八艳李香君故事，其第四出《侦戏》与维崧所忆尽同，有云孔尚任赴淮扬疏浚海口时曾闻之于冒辟疆者。

若朴堂主人诗云：

霍华侯李各鸳鸯，血染桃花泪几行。
燕子笺传公子怨，兴亡风月恨文章。

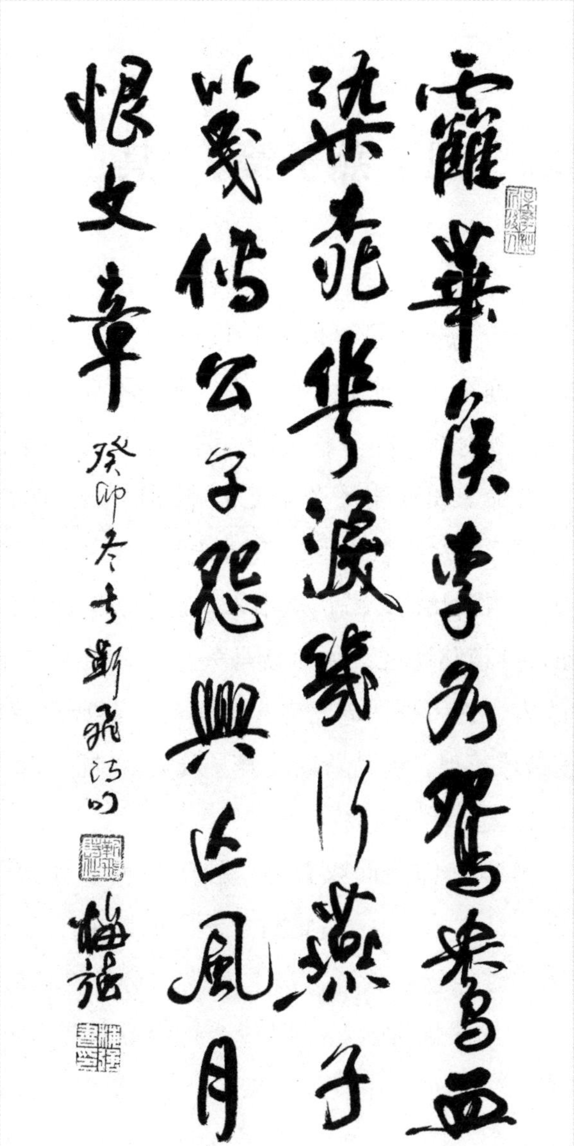

霍华侯李各鸳鸯，血染桃花泪几行。
燕子笺传公子怨，兴亡风月恨文章。

范梅强书靳飞诗作

冒辟疆三观《燕子笺》(其三)

清顺治十七年庚子，旧友陈瑚自太仓至如皋访冒辟疆。陈瑚号确庵，崇祯十六年举人，入清不仕，以经学名世，又能舞剑射箭，亦一奇人也。辟疆于水绘园得全堂为陈设宴，并命家班演剧《燕子笺》。陈拒之云自明亡后不观歌舞，辟疆强之。歌未半，陈瑚复避席辞之，称“古人当歌而哭，谓不及情，然忧从中来，窃有所感而不能舍然也”。陈言其道路所经，所见皆马矢驼尘，黄沙白草；问昔年之故人，死者死而老者老矣。其诗《扬州杂感》云，“春衫夜踏琼花观，绮席新歌《燕子笺》”“抚今追昔，能不泫然，而忍复终此曲哉”。

冒辟疆闻言仰天而叹云：“君其有感于《燕子笺》乎？予则更甚！不见(吴)梅村祭酒之所以序予者乎？犹忆金陵骂座时，悲壮激昂，奋迅愤懑，或击案，或拊膺，或浮大白，且饮且诟詈。一时伶人皆缓歌停拍，归告怀宁(阮大铖)，而祸且不旋踵至矣。当是时，《燕子笺》几杀予。迄于今，怀宁(阮大铖)之肉已在晋军，梨园子弟复更几主，吾于子尚俯仰醉天，偃蹇浊世，兴黄尘玉树之悲，动唤宇弹翎之怨，谓之幸耶？谓之不幸耶？予之教此童子也，风雨潇潇，则以为荆卿之歌；明月不寐，则以为刘琨之笛。及其追维生死，凭吊旧游，则又以为谢翱之竹如意也。”

“怀宁之肉已在晋军”者，取意“晋军三役古无多”。谢翱句，用宋谢翱《登西台恸哭记》“以竹如意击石”之典，意作楚歌而招魂。此数语也，辟疆之于《燕子笺》之复杂情绪毕见，非陈瑚者所能比拟。

若朴堂主人诗云：

他家曲亦自家歌，泪笑谁分哪更多。

两碎竹石平旧怨，今生爱恨可如何。

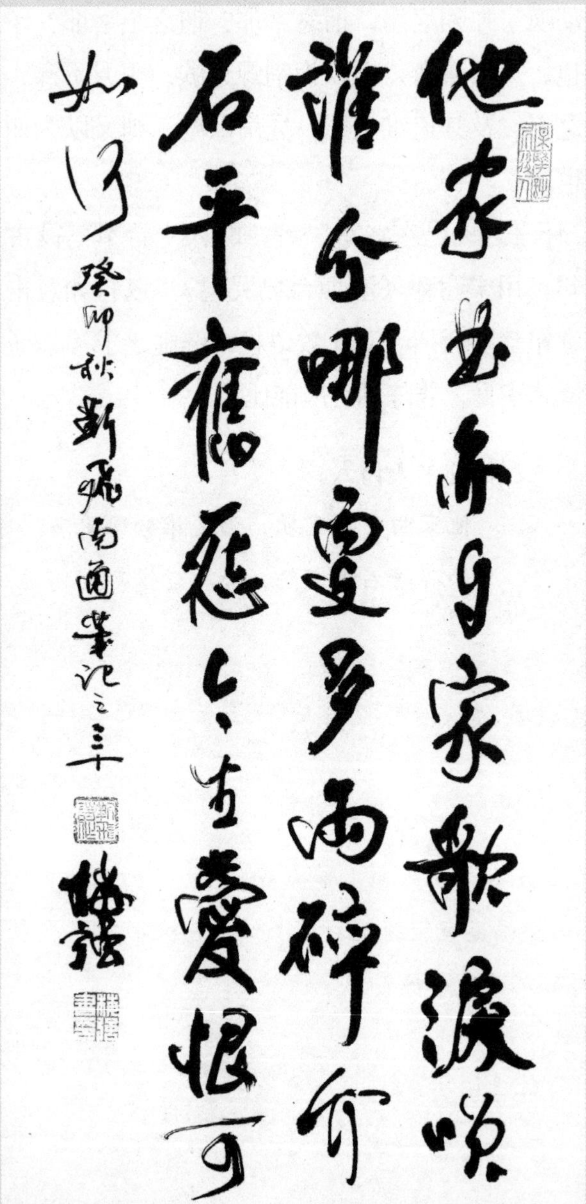

他家曲亦自家歌，泪笑谁分哪更多。
两碎竹石平旧怨，今生爱恨可如何。

范梅强书靳飞诗作

附：

得全堂夜宴记

［明末清初］陈瑚

予之倦观歌舞也，十有七年矣。客岁馆太原王氏，其家有伶人张者，年七十五能唱大江东曲。主人召之为予歌，不胜何戡旧人之感。今岁庚子夏，乘戎马，间从一弟子，剑书襆被，发虞山，过梁溪，历毗陵朱方，乃渡京口，上广陵，复纡回之阳山，折海陵而始至雉皋，访冒子巢民。冒子时卧病，闻予至，急披衣起，呼其二公子谷梁、青若迎予水绘庵。其明日，开得全堂，延予入，酒行乐作。予色变，起固辞，而重违冒子意，乃复坐。客有称《燕子笺》乐府谱自怀宁来者，因遂命歌《燕子笺》，回风舞雪，落尘遏云。忽念吾其年（陈维崧）《秦箫》《杨枝》诸词，真赏音者也。歌未半，予避席兴揖冒子曰："止。"客问曰："何为？"予曰："古人当歌而哭，谓不及情，然忧从中来，窃有所感而不能舍然也。昔崇祯壬午，予游维扬，维扬者，吾师汤公惕庵宦游地也，予与冒子同出公门，因得识冒子。冒子饰单骑，鲜衣裳，珠树琼枝，光动左右。予尝惊叹以为神仙中人。时四方离乱，淮海宴如，十二楼之灯火犹繁，二十四桥之明月无恙。予寓鲁子戴馨家，鲁子为予置酒，亦歌《燕子笺》。一时与予交者，冒子鲁子而外，尚有王子螺山、郑子天玉诸君，皆年少，心壮气豪。自分掉舌握管，驱驰中原，不可一世。曾几何时，而江河陵谷一变至此。顾予来游，计道路所经，为府者四，为州者二，为县者九，为里一千有二百，为时五十有一日，所见皆马矢驼尘、黄沙白草。问昔年之故人，死者死而老者老矣。予《扬州杂感》有曰，‘春衫夜踏琼花观，绮席新歌《燕子笺》’。抚今追昔，能不泫然，而忍复终此曲哉！”

冒子仰天而叹，已乃顾予而笑曰：“君其有感于《燕子笺》乎？予则更甚！不见（吴）梅村祭酒之所以序予者乎？犹忆金陵骂座时，悲壮激昂，奋迅愤懑，或击案，或拊膺，或浮大白，且饮且诟詈。一时伶人皆缓歌停拍，归告怀宁（阮大铖），而祸且不旋踵至矣。当是时，《燕子笺》几杀予。迄于今，怀宁（阮大铖）之肉已在晋军，梨园子弟复更几主，吾于子尚俯仰醉天，偃蹇浊世，兴黄尘玉树之悲，动唤宇弹翎之怨，谓之幸耶？谓之不幸耶？予之教此童子也，风雨潇潇，则以为荆卿之歌；明月不寐，则以为刘琨之笛。及其追维生死，凭吊旧游，则又以为谢翱之竹如意也。”

子曰“善”。冒子遂命毕曲焉，三作三终，尽其技乃已，月亭午而客始罢去。

得全堂夜宴后记

［明末清初］陈瑚

歌《燕子笺》之日，座上客为谁？佘子公佑，钱子季翼、持正，石子夏宗，张子季雅、小雅，宗子裔承，郜子昭伯，冒子席仲，皆吾师樽瓠赵先生之门生故旧也。谈先生遗言往行，相与叹息。越一日，诸君招余复开樽于得全堂，伶人歌《邯郸梦》。伶人者，即巢民所教之童子也，徐郎善歌，杨枝善舞，有秦箫者，解作哀音，每一发喉，必缓其声以激之，悲凉仓兄，一座欷歔。

主人顾予而言曰："嗟乎！人生固如是梦也。今日之会，其在梦中乎？"予仰而叹，俯而踌躇久之，乃大言曰："诸君子知临川先生作此之意乎？临川当朝廷苟安之运，值执政揽权之时，一时士大夫皆好功名、嗜富贵，如青蝇，如鸷鸟，汲汲营营，与邯郸生何异？尝忆故老为予言临川遗事云，江陵欲贵其子，求天下名流，以压群望。有以郁轮袍故事动临川者，临川不受。既过一友家，某亦名士，临川言之，某色色动。临川曰：'欲之耶？'某曰：'如后日何？'临川曰：'果尔，公则有疏，私则有书，可以报相公也。'其人果得元遂，以书力谏而去。若临川者，亦可为狂流之一柱也。其作《邯郸》也，义形于外，情发于中。冀欲改末俗之颓风，消斯人之鄙吝，一歌之中三致意焉。呜呼！临川意念远矣。岂惟临川，古之人皆然。鹑首之剪，翟犬之赐，亦当时君于眷念宗周，兴怀故国。怪夫强暴如秦，何以一天下；悖逆如赵，何以享晋国。涕之无从，不得已而呼天，笑曰：‘此必醉天为之，此必梦天为之。’史臣不察，载之册简。后人信之，遂为美谈，千百年仁人志士之苦心湮灭尽矣。甚至有借昔人之寓言，助二氏梦幻泡影之说，将使天地间有形有迹之物，大丈夫莫大莫远之任，一切付之云飞烟散、酒阑梦觉间。呜呼！有是理耶！物之有生必有死也，有始必有终也。二氏畏之而思避之，避之不得，乃设为妄诞之辞，以炫惑当世。吾儒之道与天地同其健，与日月同其明，与山川草木鸟兽鱼龙同其变化。且天籁以成，地赖以平，日月赖以明，山川草木鸟兽鱼龙赖以咸若。有物必终，有形皆死，而吾道独无穷极也，其可诿之一梦已耶。今吾与诸君子同游吾师之门，皆有志为古人之学。吾师往矣，而其刚果之气，挺然不拔之操，尚有能言之者，当与诸君子共勉之。何梦之足云？”

诸君起谢曰：“善。敢不早夜以思，从吾子之训，毋忘今日之盟也。”

桃花扇·侦戏

[清]孔尚任

（副净扮阮大铖忧容上）

【双劝酒】[1]前局尽翻，旧人皆散[2]；飘零鬓斑，牢骚歌懒；又遭时流欺谩，怎能得高卧加餐？

下官阮大铖，别号圆海。词章才子，科第名家；正做着光禄吟诗[3]，恰合着步兵爱酒[4]。黄金肝胆，指顾中原。白雪声名，驰驱上国。可恨身家念重，势利情多；偶投客、魏之门，便入儿孙之列。那时权飞烈焰，用着他当道豺狼。今日势败寒灰，剩了俺枯林鸮鸟[5]。人人唾骂，处处击攻。细想起来，俺阮大铖也是读破万卷之人，什么忠佞贤奸，不能辨别？彼时既无失心之疯，又非汗邪之病，怎的主意一错，竟做了一个魏党？（跌足介）才题旧事，愧悔交加。罢了，罢了！幸这京城宽广，容的杂人，新在这裤子裆里

---

① 【双劝酒】：暖红室本眉批曰："声调可怜。"

② "前局尽翻"二句：谓魏忠贤失势以后，魏党尽数散去的局面。前局，指魏忠贤专权时的局面。旧人，指魏党。

③ 光禄吟诗：阮大铖以颜延之自比。南朝诗人颜延之，曾官至金紫光禄大夫。光禄，官名。明末崇祯即位后，阮大铖弹劾崔呈秀、魏忠贤，攻击东林党，被升任为光禄卿，旋即被罢。

④ 步兵爱酒：阮大铖以阮籍自比。南朝诗人阮籍，曾官至步兵校尉，嗜酒，故有步兵爱酒之说。

⑤ 鸮鸟：一种恶鸟，比喻凶恶之人。

买了一所大宅[①]，巧盖园亭，精教歌舞，但有当事朝绅，肯来纳交的，不惜物力，加倍趋迎。倘遇正人君子，怜而收之，也还不失为改过之鬼。（悄语介）若是天道好还，死灰有复燃之日，我阮胡子呵，也顾不得名节，索性要倒行逆施了。这都不在话下。昨日文庙丁祭，受了复社少年一场痛辱，虽是他们孟浪，也是我自己多事。但不知有何法儿，可以结识这般轻薄。（搔首寻思介）

【步步娇】小子翩翩皆狂简[②]，结党欺名宦，风波动几番。捋落吟须，捶折书腕。无计雪深怨，叫俺闭户空羞赧。

（丑扮家人持帖上）地僻疏冠盖[③]，门深隔燕莺。禀老爷，有帖借戏。（副净看帖介）通家教弟陈贞慧拜[④]。（惊介）呵呀！这是宜兴陈定生，声名赫赫，是个了不得的公子，他怎肯向我借戏？（问介）那来人如何说来？（丑）来人说，

① 裤子裆：金陵地名，即库司坊，与“裤子裆”谐音。阮大铖曾购宅于此，被人称为“裤子裆里阮”。甘熙《白下琐言》曰：“阮大铖宅在城南库司坊（即今小门口处），世人秽其名曰‘裤子裆’。”“裤子裆”地名是否因阮大铖而起，不确。暖红室本眉批曰：“阮胡所住裤子裆，今人皆避而不居，地以人废矣。”

② 狂简：指年轻人因自负高志而显得狂妄的样子。语出《论语·公冶长》，原文为：“吾党之小子狂简，斐然成章，不知所以裁之。”

③ 冠盖：原指官员戴的帽子和所乘的车盖，借指官员。

④ 通家：指世交。

还有两位公子，叫什么方密之、冒辟疆[①]，都在鸡鸣埭上吃酒[②]，要看老爷新编的《燕子笺》[③]，特来相借。（副净吩咐介）速速上楼，发出那一副上好行头[④]，吩咐班里人梳头洗脸，随箱快走。你也拿帖跟去，俱要仔细着。（丑应下。杂抬箱，众戏子绕场下。副净唤丑介）转来。（悄语介）你到他席上，听他看戏之时，议论什么，速来报我。（丑）是。（下。副净笑介）哈哈！竟不知他们目中还有下官，有趣，有趣！且坐书斋，静听回话。（虚下。末巾服扮杨文骢上）周郎扇底听新曲，米老船中访故人[⑤]。下官杨文骢，与圆海笔砚至交[⑥]，彼之曲词，我之书画，两家绝技，一代传人。今日无事，来听他燕子新词，不免竟入。（进介）这是石巢园[⑦]，你看山石花木，位置不俗，一定是华亭张南垣的手笔

---

① 方密之、冒辟疆：即方以智、冒襄，与侯方域、陈贞慧称“明末四公子”，是当时社会名流。方以智，名密之，桐城（今属安徽）人，明崇祯十三年（1640）进士。明亡后，出家为僧。冒辟疆，名襄，如皋（今属江苏）人。明诸生。复社骨干。入清后，读书自娱，拒绝出仕。著有《水绘园诗文集》等。

② 鸡鸣埭：即鸡笼山，今南京之鸡鸣寺，南京名胜之一。

③ 《燕子笺》：阮大铖传奇作品之一。

④ 行头：戏曲专用名词，指演戏所用的服饰、道具等。

⑤ “周郎扇底听新曲”二句：周郎，指周瑜，其人精通音律。扇底，化用苏轼《念奴娇》中所言周瑜“羽扇纶巾”之典故。因阮大铖创作传奇，也懂音律，故将他比作周瑜。米老，指米芾，北宋著名书画家。船中，化用米芾常携书画乘舟游览之典故，此处为杨文骢自比米芾。

⑥ 笔砚至交：比喻诗友、文友。暖红室本眉批曰：“两家绝技今俱传矣，以人品论，稍屈龙友。”

⑦ 石巢园：阮大铖私家园林之名，位于南京城南库司坊，他在此创作传奇四种。

了[①]。（指介）

【风入松】花林疏落石斑斓，收入倪、黄画眼[②]。（仰看，读介）咏怀堂，孟津王铎书[③]。（赞介）写的有力量。（下看介）一片红毹铺地[④]，此乃顾曲之所[⑤]。草堂图里乌巾岸，好指点银筝红板。（指介）那边是百花深处了，为甚的萧条闭关，敢是新词改，旧稿删。

（立听介）隐隐有吟哦之声，圆老在内读书。（呼介）圆兄，略歇一歇，性命要紧呀！（副净出见，大笑介）我道是谁，原来是龙友。请坐，请坐！（坐介。末）如此春光，为何闭户？（副净）只因传奇四种，目下发刻[⑥]，恐有错字，在此对阅。（末）正是，闻得《燕子笺》已授梨园[⑦]，特来领略。（副净）恰好今日全班不在。（末）那里去了？（副净）有几位公子借去游山。（末）且把钞本赐教，权当《汉书》

---

① 张南垣：名涟，上海华亭（今上海松江）人，明末清初著名的园林建筑家，无锡寄畅园是其代表作。

② 倪、黄：指倪瓒、黄公望，皆为元代著名山水画家。倪瓒，字元镇，无锡（今属江苏）人。黄公望，字子久，《富春山居图》为其代表作。

③ 王铎：字觉斯，号十樵、嵩樵，孟津（今属河南）人，明末清初书法家。

④ 红毹：即红氍毹。氍毹，原指毛织地毯，多为红色，故称。古代戏曲、歌舞演出常在厅堂的地毯上表演，后借指戏曲演出。

⑤ 顾曲：谓欣赏音乐或戏曲。典自三国周瑜事，周瑜精通音乐，酒席间，如表演有误，他必知之，知之必回头看，故有“周郎顾曲”之说。顾，回头看。

⑥ 发刻：发覆刻印。

⑦ 梨园：原指唐玄宗在梨园教授歌舞，后来将戏班、家班称为梨园，戏班艺人称为梨园弟子。

下酒罢。（副净唤介）叫家僮安排酒酌，我要和杨老爷在此小饮。（内）晓得。（杂即排酒果介。末、副净同饮，看书介）

【前腔】[①]（末）新词细写乌丝阑[②]，都是金淘沙拣。簪花美女心情慢[③]，又逗出烟慵云懒[④]。看到此处，令人一往情深。这燕子衔春未残，怕的杨花白，人鬓斑。

（副净）芜词俚曲，见笑大方。（让介）请干一杯。（同饮介。丑急上）传将随口话，报与有心人。禀老爷，小人到鸡鸣埭上，看着酒斟十巡，戏演三折，忙来回话。（副净）那公子们怎么样来？（丑）那公子们看老爷新戏，大加称赞。

【急三枪】点头听，击节赏，停杯看。（副净喜介）妙，妙！他竟知道赏鉴哩。（问介）可曾说些什么？（丑）他说真才子，笔不凡。（副净惊介）阿呀呀！这样倾倒，却也难得。（问介）再说什么来？（丑）论文采，天仙吏，谪人间。好教执牛耳，主骚坛。

（副净佯恐介）太过誉了，叫我难当，越往后看，还不知怎么样哩。（吩咐介）再去打听，速来回话。（丑急下。

---

① 【前腔】：暖红室本眉批曰："谱鸡鸣埭听曲谩骂之状，而谱石巢园侦戏喜怒之情，文笔高绝。"

② 乌丝阑：也称乌丝栏，指纸上或绢上画成或织成直行的黑格线。用红色，称朱丝阑。

③ 簪花美女：比喻诗文、书法娟秀、妍媚。典自南朝袁昂《古今书评》："卫恒书如簪花美女，舞笑镜台。"

④ 逗：引。烟慵云懒：指《燕子笺》剧中书生霍都梁与妓女华行云、女子郦飞云缠绵悱恻的爱情故事。

副净大笑介）不料这班公子，倒是知己。（让介）请干一杯。俺呵。

【风入松】南朝看足古江山，翻阅风流旧案。花楼雨榭灯窗晚，呕吐了心血无限。每日携琴对墙弹，知音赏，这一番。

（末）请问借戏的是那班公子？（副净）宜兴陈定生、桐城方密之、如皋冒辟疆，都是了不得学问，他竟服了小弟。（末）他们是不轻许可人的，这本《燕子笺》词曲原好，有什么说处？（丑急上）去如走兔，来似飞乌，禀老爷，小的又到鸡鸣埭，看着戏演半本，酒席将完，忙来回话。（副净）那公子又讲些什么？（丑）他说老爷呵！

【急三枪】是南国秀，东林彦，玉堂班[①]。（副净佯惊介）句句是赞俺，益发惶恐。（问介）还说些什么？（丑）他说为何投崔、魏，自摧残。（副净皱眉，拍案恼介）只有这点点不才，如今也不必说了。（问介）还讲些什么？（丑）话多着哩，小人也不敢说了。（副净）但说无妨。（丑）他说老爷呼亲父，称干子，忝羞颜，也不过仗人势，狗一般。

（副净怒介）呵呀呀！了不得，竟骂起来了，气死我也！

【风入松】平章风月有何关[②]？助你看花对盏，新声一

---

① 南国秀、东林彦、玉堂班：夸奖阮大铖的文才。南国，指阮氏出身于南方。东林，阮氏在投靠魏忠贤前，曾依附东林党人左光斗。彦，优秀人才。玉堂，即翰林院。

② 平章：评论。

部空劳赞。不把俺心情剖辩，偏加些恶谑毒讪，这欺侮受应难。

（末）请问这是为何骂起？（副净）连小弟也不解，前日好好拜庙，受了五个秀才一顿狠打。今日好好借戏，又受这三个公子一顿狠骂。此后若不设个法子，如何出门。（愁介。末）长兄不必气恼，小弟倒有个法儿，未知肯依否？（副净喜介）这等绝妙了，怎肯不依？（末）兄可知道，吴次尾是秀才领袖，陈定生是公子班头，两将罢兵，千军解甲矣。（副净拍案介）是呀！（问介）但不知谁可解劝？（末）别个没用，只有河南侯朝宗，与两君文酒至交，言无不听。昨闻侯生闲居无聊，欲寻一秦淮佳丽。小弟已替他物色一人，名唤香君，色艺皆精，料中其意。长兄肯为出梳栊之资，结其欢心，然后托他两处分解，包管一举双擒。（副净拍手，笑介）妙妙！好个计策。（想介）这侯朝宗原是敝年侄[①]，应该料理的。（问介）但不知应用若干？（末）妆奁酒席，约费二百余金，也就丰盛了。（副净）这不难，就送三百金到尊府，凭君区处便了。（末）那消许多？

（末）白门弱柳许谁攀[②]，

（副净）文酒笙歌俱等闲。

① 年侄：科举时代，同年登科的士子，称同年。同年之子，称年侄。暖红室本眉批曰："为年侄觅妓，而曰应该料理，丧心语也。"

② 白门：南朝宋时，建康（今江苏南京）城的宣阳门，俗称白门。后作南京的别称。

（末）惟有美人称妙计，

（副净）凭君买黛画春山。

（引自谢雍君、朱方遒评注《桃花扇》，
中华书局2016年11月版）

水绘园家班（其一）

明季及清季前半盛行家班，即私家剧团，除自家演剧待客外，亦可承应友好日常宴饮。冒辟疆青年时居南京即嗜剧且有顾曲周郎之誉，归隐如皋后自组家班，太仓瞿有仲《巢民冒先生五十荣寿序》云，“及遭丧乱，遂谢知交，闭户不出，日坐水绘园中，聚十数童子，亲授以声歌之技，示无意天下，用此何为者”。其家班之年长者为陈九与朱音仙，并兼教授戏剧之责。陈九擅挝鼓，则应擅徐渭之《狂鼓史渔阳三弄》，亦名《渔阳挝》。朱音仙为苏州人，曾为阮大铖家班成员，亦擅琵琶，阮死投冒。周绚隆著《陈维崧年谱》记黄州李载字子谷，尝客如皋，作有《长干行》，引云，“朱子音仙为阮怀宁（阮大铖）梨园子弟，以声技得授游击将军。怀宁（阮大铖）败，薄游滇粤，复归长干（南京）。壬戌人日，相识于冒巢民先辈家。酒坐既酣，听说平生时事，感而赋此”。吴伟业《祝冒辟疆社盟翁先生双寿序》有云，“乃有梨园旧工，自云向事皖司马（阮大铖），为之主讴，江上视师之役，同辈皆得典兵，黄金横带，夫执干戈以卫社稷，付之俳优侏儒，而犹与君党讲恩仇而争胜负，用仕局为兵机，等军容于儿戏，不亦可嗑然一笑乎”。伟业先生所云事，或源出朱音仙也。冒氏家班之《燕子笺》，自是音仙传阮家演法无疑。

若朴堂主人诗云：

演剧居然派统兵，苍天所以灭南明。

音仙不比龟年老，却唱同时饮恨声。

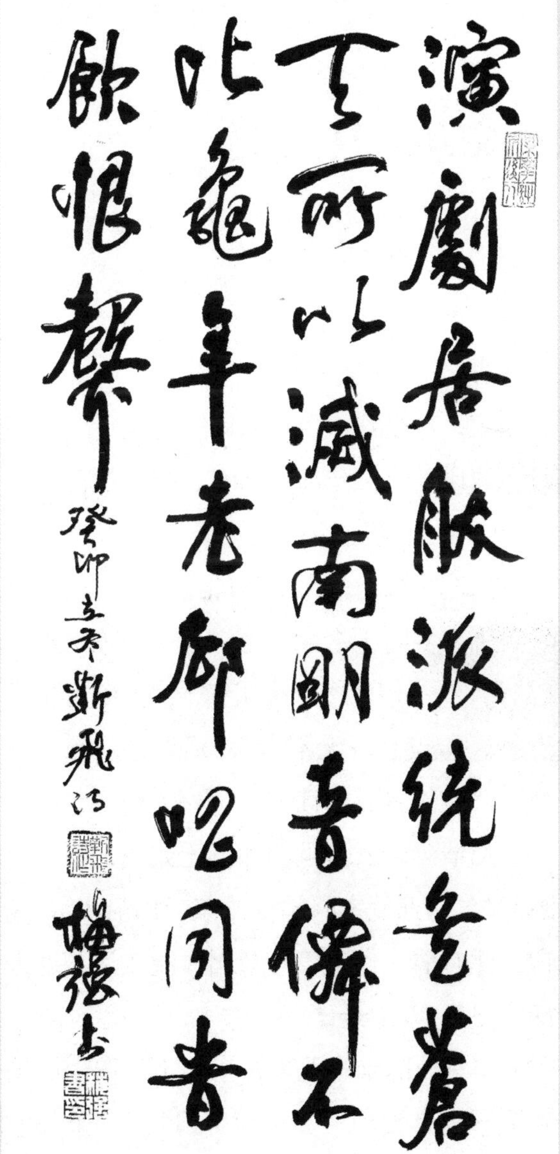

演剧居然派统兵，苍天所以灭南明。
音仙不比龟年老，却唱同时饮恨声。

范梅强书靳飞诗作

水绘园家班（其二）

冒辟疆家班最知名者，曰紫云，曰杨枝，曰秦箫，三名俱源于古曲，当为辟疆所赐。

紫云姓徐，号曼殊，世称云郎，约生于明崇祯十七年甲申，殁于清康熙十二年清明前夕，得年仅三十岁。工旦角，能歌能舞，且能吹奏箫笛及弹奏三弦，色艺冠绝当时，为王紫稼即吴伟业之所谓王郎之后，最具影响之昆剧艺术家。其十五岁时于水绘园遇宜兴才子陈维崧，陈惊其“横波漾清丽”“一声两声秋雁叫，千缕万缕春蚕丝，涤除胸臆忽然妙，检点腰身无不为”，乃为之倾倒，竟不能自已。辟疆遂“夜遣青童伴读书”，冒有诗云：“陈子奇才乱典坟，陈子痴情痴若云，世间知己无如我，不遣云郎竟与君。”维崧又乞南通画家陈鹄绘《紫云出浴图》，遍邀天下名士题咏，此有清一代之第一梨园风流佳话，近人冒鹤亭著《云郎小史》，叙之最详。

康熙七年三月陈维崧北上进京，不告辟疆而携紫云同行，挽袭鼎孳为其说项，龚书致辟疆云，“弟以老盟翁一片深情，生平怜他人过于自怜，怜其年（陈维崧）又当过于怜云郎，定无后督意也”，辟疆亦竟置而不问。

紫云抵京即蹿红，昆剧于明天启前后盛行京师，鼎革后一度消沉，其复兴者以王紫稼徐紫云厥功至巨。张次溪《云郎小史》序言，“当康熙戊申，云郎年才二十有五，随陈其年（维崧）入都，日下胜流，震其声名，争欲一聆佳奏。南腔北播，菊部歌儿多摹其音，于是京邑剧风为之一变”。王徐之后，《长生殿》《桃花扇》相继而出，昆剧遂能继盛于清。

惜维崧仕途淹蹇，累及紫云。紫云复随维崧辗转河南绍兴各地，穷愁潦倒，终死维崧故乡并葬于兹。

若朴堂主人诗云：

凤凤相随共苦穷，才高艺美两空空。
云郎薄命名难朽，现在犹留画影中。

若朴堂主人又作《临江仙·陈维崧逝后三百四十年初游如皋水绘园，亲为白云峰丁剑阳诸君叙冒辟疆董小宛陈维崧徐紫云故事》，词云：

水绘名园佳丽冷，盆松不改苍青。风流另有陈迦陵。云郎歌已佚，画影迹浮萍。　三百余年心老旧，江湖几度零丁。如今面对池中亭。听凭一洒泪，无处道曾经。

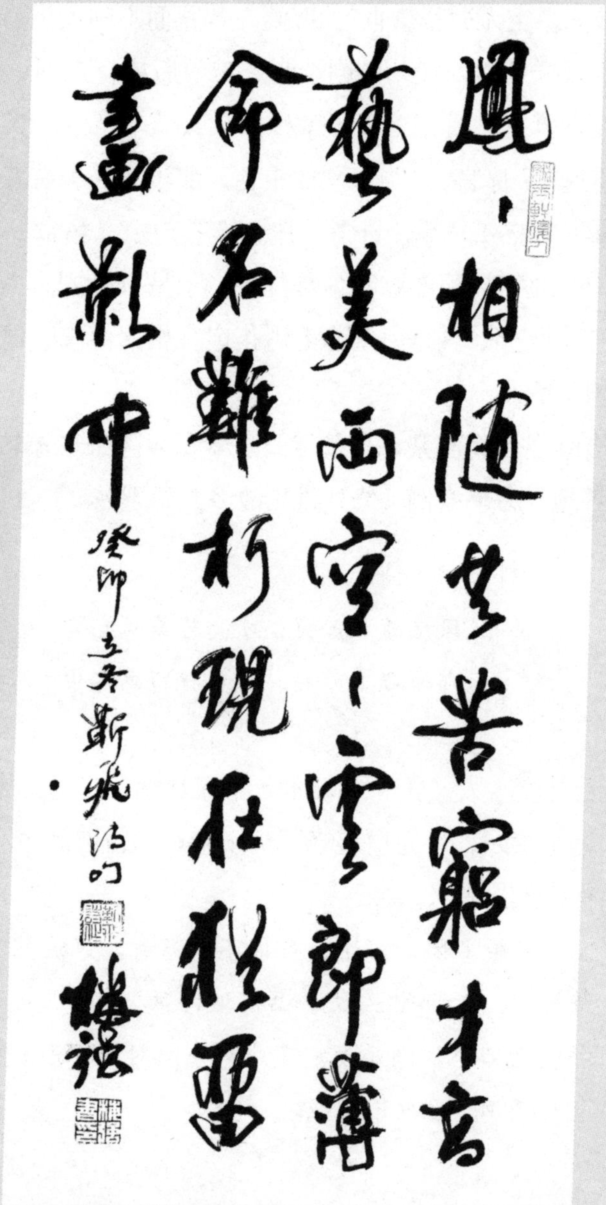

范梅强书靳飞诗作

凤凤相随共苦穷，才高艺美两空空。
云郎薄命名难朽，现在犹留画影中。

水绘园家班（其三）

杨枝者，亦工旦角，能歌舞，又以舞更出众，陈维崧《杨枝曲》谓之“缓舞珊珊屏后来，娇歌袅袅灯前塔”；通文墨，冒辟疆于康熙八年致函龚鼎孳曾云，“小奴杨枝三月望前抵寒舍，正与诸叒（音若，友也）小集，急烧银蜡，快诵数十过”，杨枝所诵者，则龚之《冒母马恭人八十寿序》也。

秦箫者亦名秦青，工生角，能唱北曲。太仓陈瑚诗云，“秦箫北曲响摩天，刻羽流商动客怜。拟谱唐宫凝碧恨，海青心事倩伊传”。

徐紫云杨枝秦箫三人为冒辟疆家班主演，所演剧目有《燕子笺》《牡丹亭》《邯郸梦》《牧羊记》《解歌妓》《紫玉钗》《渔阳弄》诸剧，且能即兴将冒氏同人唱和诗词翻唱为曲，所获题咏尤多。然三人似有所不睦，某次陈维崧将离如皋，有诗《将发如皋留别冒巢民先生》，句有“阿云（徐紫云）久侍予，怜其母新毙，坦率易失欢，与人多睚眦”，似应即有所指。后紫云随陈维崧北上，竟再未返皋，杨枝秦箫则老于水绘园。

康熙十年元月冒辟疆复龚鼎孳中云，“杨枝小奴，何物细微，亦沾笔墨，乌屋垂青，推及虮虱。第怅秦箫福薄，已成废人，经春头目如锥，复卧不起矣。因先生垂注，并为及之”。邓汉仪亦有诗《后演剧行》云：“紫云已逝杨枝槁，陈郎浅土埋樱桃。剩有秦箫双耳塞，合肥不在形酕醄。”合肥即袭鼎孳，酕醄言大醉状。由此知冒氏家班之全盛时代，约于康熙十一二年间已告终结矣。邓诗中之“陈郎”，系与紫云等同时之歌童。

若朴堂主人诗云：

名伶美女命相关，岂许人间见败颜。
只剩周郎犹顾曲，堂前独唱鬓斑斑。

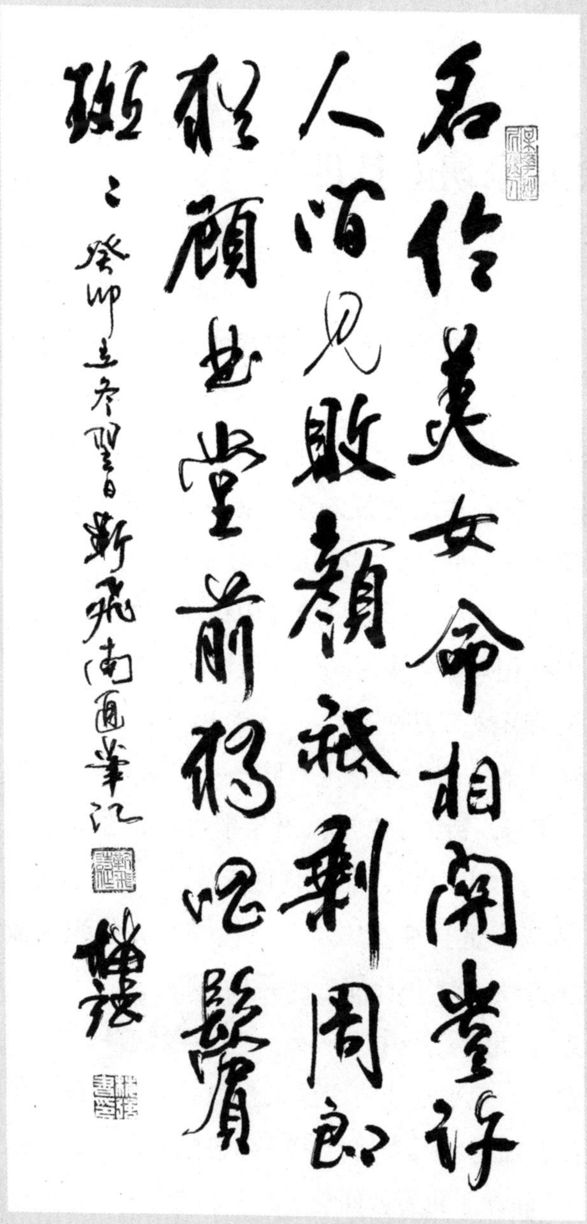

名伶美女命相关，岂许人间见败颜。
只剩周郎犹顾曲，堂前独唱鬓斑斑。

范梅强书靳飞诗作

水绘园家班（其四）

冒辟疆衰年犹声歌不辍，亲授水绘园第三代剧人，留名者有：

小徐郎，徐紫云之侄。陈维崧于康熙二年五月作诗《书小徐郎扇》，“旅舍萧条五月余，菖蒲花下独踌躇。宴前忽听莺喉滑，此是徐家第几雏”。

小杨枝，杨枝之子。清康熙中钮琇《觚剩》曾引邵青门诗，“唱出陈髯绝妙词，灯前认取小杨枝。天公不断销魂种，又值春风二月时”。

吴江吴锵《得全堂席上戏赠三小史》，其一《徐雏彬如小学花乳》，诗云：“雏凤当年事可传，雏儿此日倍堪怜。喉同莺啭声声脆，曲比珠明字字圆。何必心伤追往昔，总教肠断是当筵。雉皋若不逢司宪，怎识风流第一仙”。此徐雏是否即小徐郎，已无从判断。

其二《金菊字芳男》，诗云：“看遍风前掌上身，果然宜喜复宜嗔。记来艳曲皆红豆，扫去繁花尽锦茵。乍见似曾相识夜，细思无可奈何春。停尊忽忆仙裳句，肠断魂消是此人。”仙裳即诗人黄仙裳，亦曾为金菊题咏。

其三《金二菊字韦杜》，诗云："老年魂梦又扬州，小菊逢场世莫俦。林泰而今难独步，王郎当日未风流。名花倾国香盈座，皎月中天鹤唳秋。忆得赵家夸姊妹，昭阳合德最温柔。"则金菊金二菊系兄弟也。

吴锵又云曾观金菊等所演之《吴越春秋》。

另有名灵雏者，系陈九之子，擅画。

迄至康熙二十八年己巳，冒辟疆八旬之际，致函友人云，"家生十余童子，亲教歌曲成班，供人剧饮，岁可得一二百金，谋食款客。今岁俭，少宴会，经年坐食，主仆俱入枯鱼之肆矣。"冒氏竟以家班外出演剧补贴生活，水绘之盛再难继矣。

若朴堂主人有诗云：

逢冬亦信有春花，晚岁艰难王谢家。
授曲新声谁见赏，听凭冷落住江涯。

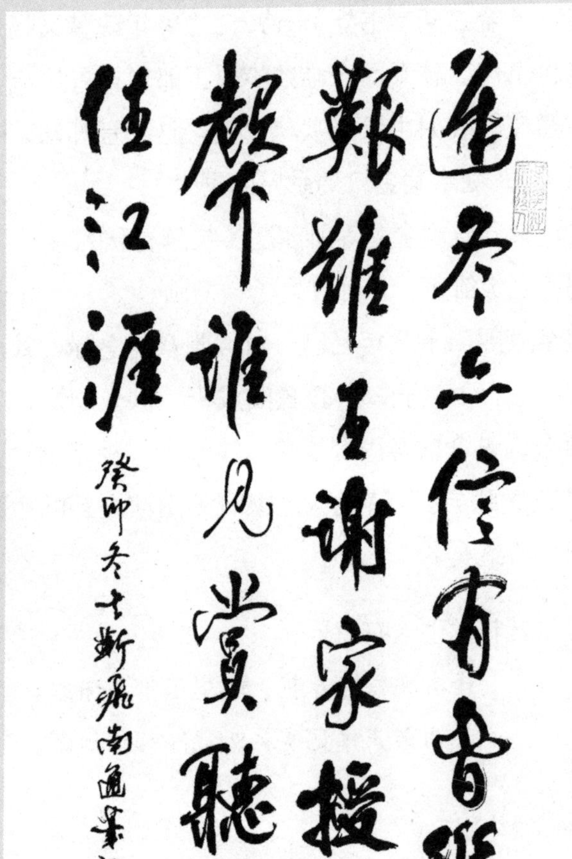

逢冬亦信有春花，晚岁艰难王谢家。
授曲新声谁见赏，听凭冷落住江涯。

范梅强书靳飞诗作

冒辟疆与洪门帮主

洪门帮以援助孙中山、建立致公党、支持共和国创建而为近人所熟知。洪门之发端，民国朱琳著《洪门志》以为在康熙时期，以反清复明为宗旨。其一说者，明末江西南丰人汤惕庵化名殷洪盛，为始创帮主。汤惕庵名来肇，字佑平，号惕庵，崇祯十三年进士，授扬州推官；明亡后为史可法赏识而任职南京，旋因弹劾权臣马士英，出任粤东海监。其后与谋拥戴隆武帝福建登基，兵败潜回故里，秘设洪门，自任帮主，联络各方，谋图恢复。

汤惕庵居扬州南京时，与冒辟疆有师生之谊。先是有惕庵门生太仓陈瑚于顺治十七年至如皋访冒，陈瑚者，激奋悲壮之士，义不仕清，与冒会晤时露悲愤之色，慷慨陈情。迄至康熙二年冬，惕庵之子汤宫若复至如皋，冒辟疆有诗《汤宫若过访赠别一首，并怀尊公惕庵先生》记之。冒诗云：“寒风朔雪满江村，上客扁舟枉见存。隋苑柳摇新白发，邗沟月照旧朱门。才逢洗马惊雄辩，但说钟期有泪痕。归去好随彭蠡雁，为言衰谢负师恩。”

首联实写会面情景，中间两联忆及宁扬岁月，“才逢洗马惊雄辩”当指惕庵指斥南明当政事。末联虽谓赠别，彭蠡即鄱阳湖，谓之汤宫若将返江西，“为言衰谢负师恩”句则显系拒绝之语，言其难从惕庵师命也。倘宫若此行果系代父暗里串通，辟疆却未允参与其事。

更有一疑者，冒氏于友人过访水绘园，多邀集亲友饮宴招待，演剧赋诗，收录于《同人集》中。然汤宫若此行则仅存此一诗，亦未见召集众友，正似别有机密。以事涉传奇，书此备考。

若朴堂主人诗云：

桩桩公案不分明，姑妄言说莫论评。

洗马雄辞仍贯耳，孟嘉气度更从容。

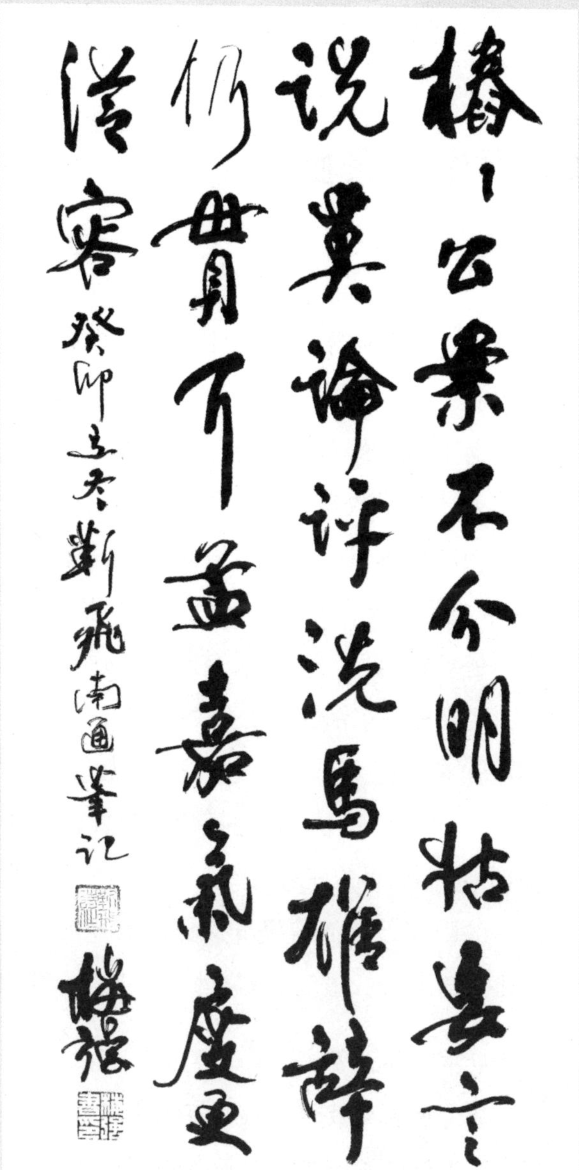

桩桩公案不分明，姑妄言说莫论评。
洗马雄辞仍贯耳，孟嘉气度更从容。

范梅强书靳飞诗作

冒辟疆喜生食条虾

明末四公子之冒辟疆于清康熙十八年己未有诗记食南通条虾。冒云："海虾盛于冬春，条虾出五六月，肌腴味隽，长五寸，海上取得即食，鲜味难名。逾夕入城，非咸即腐。恒与家人约百里放舟就食，阻于酷热。今年三伏夜尚拥絮城市，忽得极鲜且大者，以五十枚饷二弟，志之以诗。"其诗云："虾鲜繁种类，风味此为奇。拾得如芦管，烹来胜蛤蜊。暑难携百里，美正及兹时。急送书帏里，无烦去海涯。"辟疆久居东海之滨，又嗜美食，早知海味生食最鲜，不可逾夜。是年辟疆年近古稀，犹恋此味不已，殊堪称奇。其云"今年三伏夜尚拥絮城市"，以今物候研究知之，彼时在小冰期，气候波动剧烈，是以三伏夜辟疆觉冷寒也，辟疆亦因之而得极鲜之虾。南通海鲜江鲜并美，余则喜其文蛤带鱼，虽为寻常之物而有非常之味也。

若朴堂主人有诗赞曰：

早嗜鱼生味最鲜，放舟百里古稀年。

三伏偶遇寒冷夜，忽报条虾到嘴边。

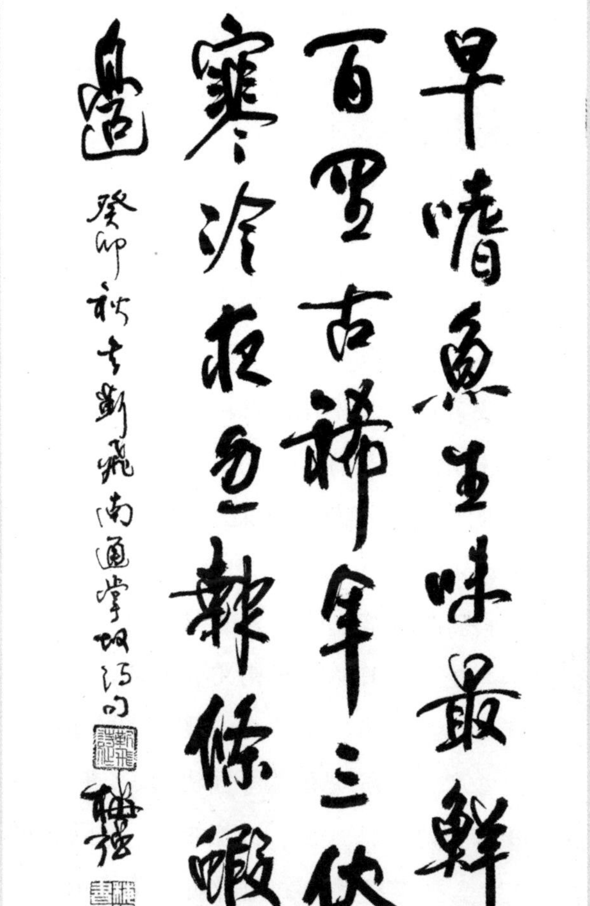

早嗜鱼生味最鲜，放舟百里古稀年。
三伏偶遇寒冷夜，忽报条虾到嘴边。

范梅强书靳飞诗作

陈维崧不知剧

陈维崧虽与水绘园歌童徐紫云相伴日久，且诗词每每言及戏剧，然其自称实不知剧也。

维崧词《贺新郎·自嘲用赠苏昆生韵同杜于皇赋》有序，杜于皇即杜濬，长维崧十数岁，湖北黄冈人，字于皇，号茶村，明崇祯时副贡，入清不仕，与维崧为挚友。维崧于词序中记云：

> 于皇曰："朋辈中惟仆与其年（陈维崧）最拙。他不具论，一日旅舍风雨中，与其年杯酒闲谈，余因及首席决不可坐，要点戏是一苦事。余尝坐寿筵首席，见新戏有《寿春图》，名甚吉利，亟点之，不知其斩杀到底，终坐不安。其年（陈维崧）云亦尝坐寿筵首席，见新戏有《寿荣华》，以为吉利，亟点之，不知其哭泣到底，满堂不乐。相与抵几大笑，何两拙两地两筵两剧，不谋而同也。故和此词。"余因是亦有此作。

维崧此序所言，杜濬逢寿筵点戏，情节皆凶斗打杀；而陈则误以昆剧《寿荣华》为喜庆之戏。《寿荣华》为清初朱佐朝所作，记北宋荥阳节度使公羊赞父女离散故事，仅结局为团圆也。维崧虽举是剧自嘲不知剧，然因其为新剧，亦不无自谦意也。维崧《贺新郎》词云：“高馆灯如绣。屈指算、摄衣登座，放颠时有。惯骂孟尝门下客，无过鸣鸡盗狗。吾宁与、灌夫为友。曾被两行官伎哂，玳筵前、一片喧声透。香醪泼，污红袖。　欢场百戏鱼龙吼。却何来、败人意兴，开人笑口。自顾无聊惟直视，夺得鸾篦搔首。叱若辈、何堪祗候。事后极知余谬误，恰流传、更有黄冈叟。疏狂态，谁甘后。”据词而言之，所谓不知剧者，亦文士情绪耳。

若朴堂主人诗云：

诗人文字漫当真，时有雌黄道自身。
啼笑哭歌应不假，轻言证史费元神。

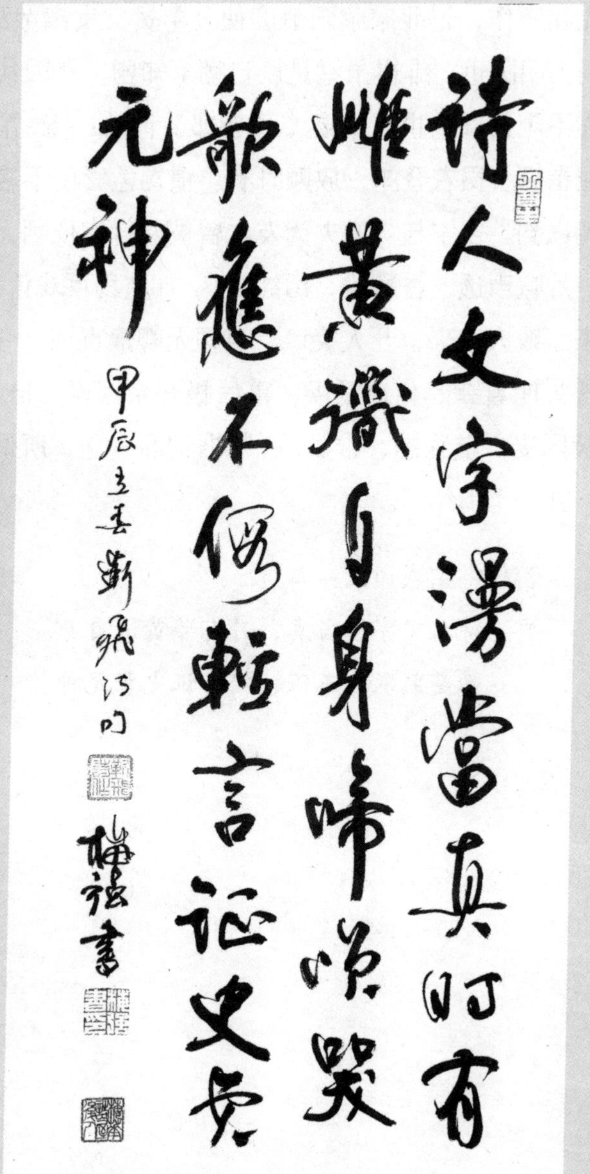

诗人文字漫当真，时有雌黄道自身。
啼笑哭歌应不假，轻言证史费元神。

范梅强书靳飞诗作

冒辟疆登狼山诗

如皋冒辟疆先生，名襄，号巢民，又号朴庵，蒙古后裔而为晚明复社四公子之一，入清不仕，娶姬董小宛，筑水绘园，天下风流倾动，才子名士比肩而至，有江夏无双之誉。余少年时奉冒辟疆为偶像，我师张中行翁亦然。自昨年始居南通，已三谒水绘名园矣。如皋友人知我，急以冒氏全集寄至在通居所，开卷即见冒有《登狼山》五律二首。其一云："老预仙流坐，寻山到海隅。旷眠窥日早，峭拔入云孤。白辨吴门练，青瞻楚甸蒲。看君有飞鸟，带水藐江湖。"其二云："坼堠净无烟，携宾藉草芊。四贤同羽盖，十里转花田。尚望兹续游，归盘片石悬。长教后来者，读罢意飞骞。"此当系辟疆携来访友人共游狼山之作。其一言登高固可望远，然远虽遥见李太白所谓之"吴门练"，近则郊迥多蒲柳之姿也。古人用"飞鸟"二字，多取意回还之鸟，如欧阳修"人情重怀土，飞鸟思故乡"。冒氏复用"带水"，即引船入港之向导。其意指愿长居桑梓，繁华姑苏近在咫尺而不屑因之再入江湖也。其二为游山纪实，狼山有四贤祠，在葵竹书房处，嘉靖时州判高节始建，祀宋范仲淹胡安国岳武穆文天祥，后以倾颓而于康熙六十一年南通州进士丁挺夫移祠至军山，在今云泉寺处。冒诗“归盘片石悬”者，应指狼山北绝壁之招隐台定心石，为狼山之最险绝处。冒氏乃借以点题，再明心迹。余若未到狼山，无从解其出典，何由得解冒氏二诗也。后来者若朴堂主人长叹云：

吴门楚甸两重天，欲入仙流不羡贤。
笑问浮生生未半，佳人可许共参禅。

清华园才子王君一舸和云：

河伯江神逢际会，狼山一望古今中。
连波万里峰头见，催动长风乱海红。

相见春风无管弦，何为秋色共霜天。
风流云散阿谁问，不在天风海雨边。

若朴堂主人另有《偕胡东海登狼山望江亭》一首云：

江在末游显巨川，下连碧海上连天。
人生过半心方阔，闲倚狼山数万船。

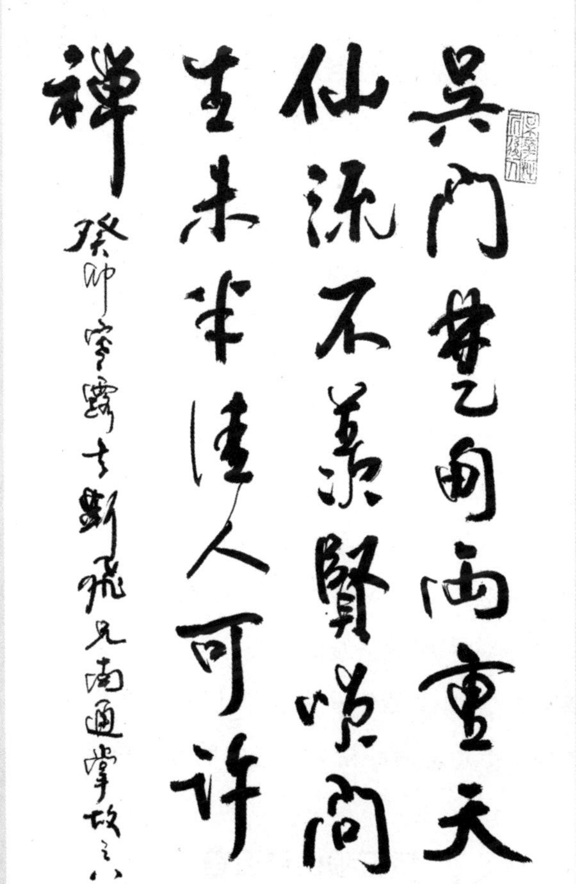

吴门楚甸两重天，欲入仙流不羡贤。
笑问浮生生未半，佳人可许共参禅。

范梅强书靳飞诗作

附：

登五狼同戴务旃无忝范女受赋

[清]陈维崧

我今拾级登五狼，彦龙安道同徜徉。天风吹我落天外，乾坤一气殊青苍，琳宫绀殿莽歁仄，丹崖翠巘纷低昂。解鞍顿辔一脱帽，掉臂直欲凌扶桑，须臾藉卉临高冈，凭栏白昼阴风凉。江流注泻静如拭，万顷窈窕玻璃光，少焉蹙沫回龙堂，喧豗镗鞳声铿锵，珠涛雪浪吼终古，蜃楼贝阙何琳琅。男儿哀乐不可当，倏尔怀古心悲伤。我闻此山始嬴政，扫除六国称秦皇，挥鞭鞭石石入海，五老屹立形为僵。又闻隋炀驻帐殿，戎旃江水相辉煌，南朝天子歌玉树，隔江此地磨干将。填胸兴废说不尽，与客且复趣传觞，举觞一酌吾竟醉，烟江之外吾家乡。十年漂泊不自得，不如沙鸟随帆樯，惨焉罢酒卧精舍，忽觉明月窥绳床。

登五狼山诗五首

张謇

琅山

春尽催游兴，城南薄笨劳。
山人争强坐，香客各联曹。

狼去岩花冷，鹰摩塔日高。
笠云亭畔石，久坐听松涛。

马鞍山

地脉分琅右，嶻嶭峙马鞍。
谈棋仙子石，垂钓客星竿。
世异濒江远，山荒到屐难。
蒙茸深磵里，草木带余寒。

军山

崭绝真成削，禅关几翠微。
路蟠危壁上，石碍断云飞。
林麓顽民燹，莓苔羽客扉。
皿贤祠仅在，勺水荐芳菲。

剑山

剑石今何在，禅官附会穷。
有僧依佛病，无树见山童。
土价栽花贵，香烟隔岭通。
摩崖寻旧刻，古藓著衣红。

黄泥山

幽壑穷余赏，林阴趁夕曛。
寺从山侧见，水向路边分。
轩槛诗龛敞，蔬薹庙祝耘。
便期肩一镬，种药与锄云。

董小宛贴绒梅花扇子

秦淮八艳之董小宛，原名白，艺名双成，字小宛，又字青莲，才色为一时之冠。十九岁嫁冒辟疆为妾，尽洗铅华，耽寂享恬，专学女红，恒月余不启户。数月后，剪彩织字，缕金回文，无所不能，无一不精。刺绣以外，曾创制贴绒梅花扇子，最为精绝。冒辟疆《一剪梅》词谓之，“闺中小妇弄精神，妍手偷春，老笔藏春”。常州钱维乔为乾隆二十七年举人，尝讲学于如皋，作有《贴梅扇子歌》，句有“一枝巧缀妆前扇，疏影暄妍省便面，细剪俄看熨帖平，徐开恰使横斜见”，其生动处，应是亲见小宛所制扇。小宛于顺治八年病殁，年仅二十八岁。其艺为冒氏女子仿效，冒辟疆之侄妇邓繁祯有《题贴梅》诗，“怕叫春事委苍苔，故使春花四序开，疏影暗香都可挹，却无蜂蝶认枝来”。诗虽平平，然知其艺犹存。扬州八怪之汪士慎诗《题如皋周氏夫人贴梅瓣小帧》云：“怜取寒香散路尘，拈来片片带余春。夫人解得庄生梦，却为梅花作幻身。”

近人邓之诚《骨董琐记》有《剪彩贴绒》：“《随园诗话》云，如皋女子石氏学仙，戊辰进士石公如松之女，适沙又文，善琴棋，皋邑剪彩贴绒花鸟，自学仙始。按华亭王兰荪，学慧珠，适诸生程班，工制贴绒花卉，为世所称，未知孰先孰后。后书潘曾莹《董小宛贴梅扇子歌》，谓剪彩为之，知其来已久，非石氏创制也。”

可知小宛贴绒在其身后犹有流传，倘传之今日，则必称“非遗”无疑。

若朴堂主人步汪士慎韵题之云：

小宛梅花各幻身，贴绒绝技为惜春。
多情累世佳公子，不取功名取可人。

吕凤鼎公和作云：

名媛更特富才情，绒贴梅花艺最精。
可惜佳人仙去早，徒令公子恨难平。

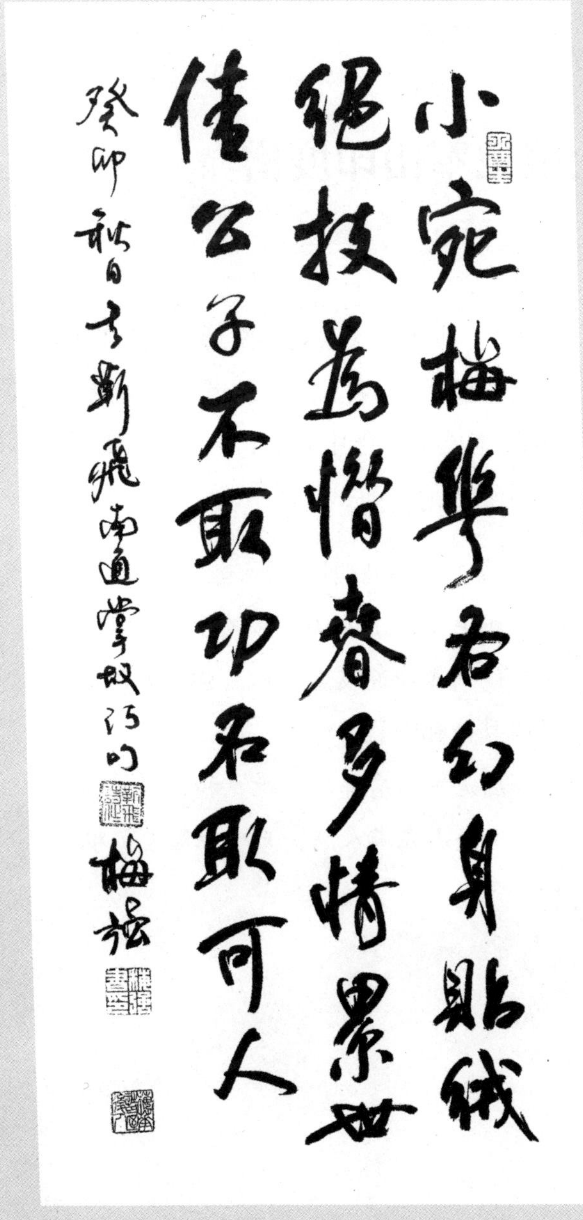

小宛梅花各幻身，贴绒绝技为惜春。
多情累世佳公子，不取功名取可人。

范梅强书靳飞诗作

王士禛记军山印度僧

清王士禛《池北偶谈》记，南通军山曾住印度僧，号罗汉，传其明英宗时来华，清初犹健在，因迁滨海界而移居泰州。印度僧能于风雪中裸浴，百岁尚可以牙碎胡桃数十枚，见者无不异之。

若朴堂主人有诗赞曰：

毗卢罗汉驻军山，阅遍中原二百年。
修到赤身迎夜雪，回头弥望大江湾。

吕凤鼎公和作云：

应是军山膺佛缘，毗卢和尚远讨单。
而今山在游人满，只叹奇僧见已难。

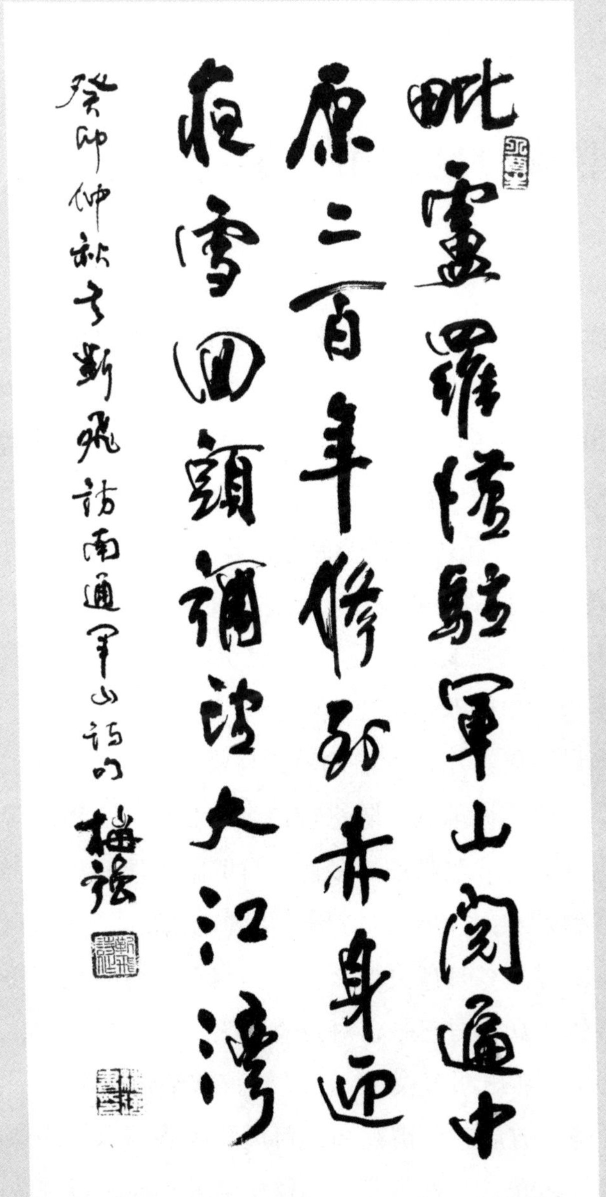

毗卢罗汉驻军山，阅遍中原二百年。
修到赤身迎夜雪，回头弥望大江湾。

范梅强书靳飞诗作

白璧双为琵琶第一手

徐珂《清稗类钞》记南通白璧双为清初琵琶第一手。白璧双名珏，字璧双，以字行，约明万历四十八年生，行三，世称白三郎。其祖白在湄、嗣父白彧如皆为琵琶名家，冠绝天下。清顺治三年吴伟业于苏州王时敏宅邂逅白在湄父子，听其自制新曲《红颜》，叙崇祯十七年事及亡国离乱，悲恸哽咽不止，为之作长歌《琵琶行》，句有“为问按歌人姓白，家住通州好寻觅”，今人多以其为北通州，误也。白璧双承继家学，精于音律，名噪江南。其中年后奉母隐居崇川，时宿如皋，与冒辟疆、陈维崧、王士禄、邓汉仪、许承钦、陈进祥诸名士相往还，冒陈等亦仿吴伟业例而为璧双制长诗多首。冒辟疆《听白璧双弹琵琶即席书赠》云：“初弹如清琴，再弹鸣诸禽，三弹万物变，声响述所寻。有时色失淫，有时月自沉，有时风雨交，长啸摇寒林。众窍恒怒张，对兹恐其喑。不知天地间，何为获此心。”泰州邓汉仪诗云：“初弦欲细声嘈嘈，一丝摇漾凝纤毫。放声忽若雷霆高，盲风涩雨昏林皋。淙淙幽涧鸣波涛。如闻二女思君劳，哀猿杜宇求其曹。调高弦响忽欲住，陡若万马归临洮。闻弹先帝十七年间事，离乱风光动人涕。今宵翻作儿女行，拉杂摧藏无不至。虽然不作永嘉愁，对君如读开元志。”冒邓二氏皆知音人，盖能纪白氏演奏实况也。后世琵琶传有崇明海门派，犹奉白璧双为开山。

若朴堂主人有诗赞曰：

四弦急响惹悲思，新曲《红颜》泣不知。
三百年前江畔事，白家琵琶冒家诗。

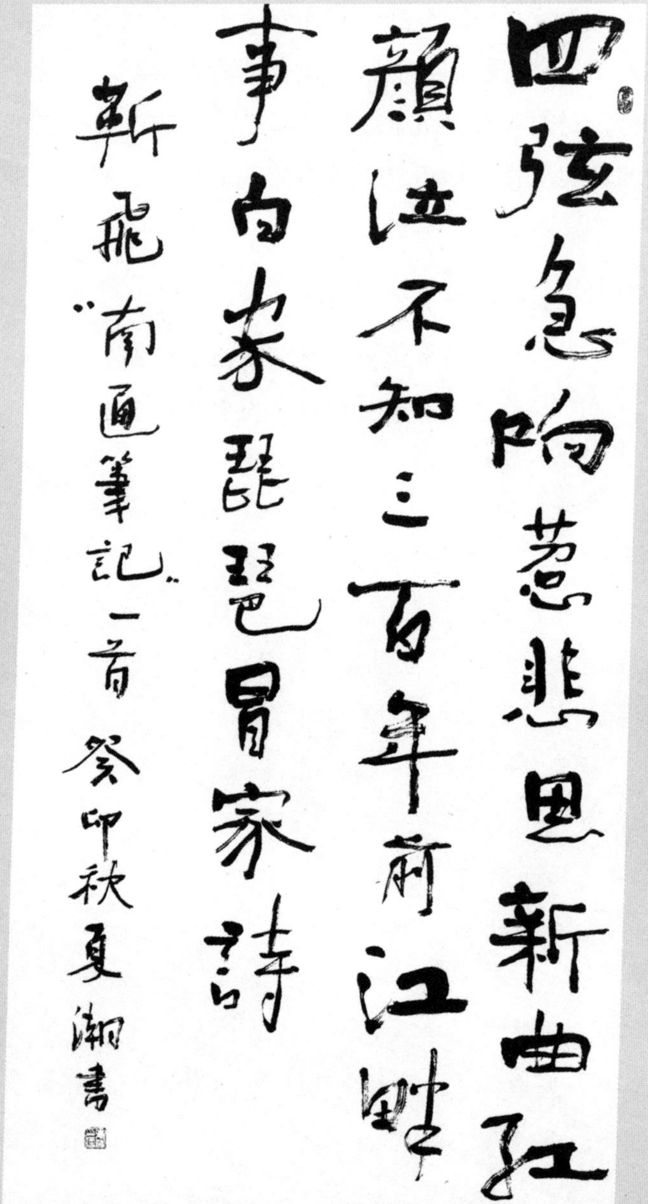

四弦急响惹悲思，新曲红颜泣不知。
三百年前江畔事，白家琵琶冒家诗。

夏潮书靳飞诗作

附：

琵琶行并序

［清］吴伟业

去梅村一里，为王太常烟客南园。今春梅花盛开，予偶步到此，忽闻琵琶声出于短垣丛竹间。循墙侧听，当其妙处，不觉拊掌。主人开门延客，问向谁弹，则通州白在湄子彧如，父子善琵琶，好为新声。须臾花下置酒，白生为予朗弹一曲，乃先帝十七年以来事，叙述乱离，豪嘈凄切。坐客有旧中常侍姚公，避地流落江南，因言先帝在玉熙宫中，梨园子弟奏水嬉、过锦诸戏，内才人于暖阁赍镂金曲柄琵琶弹清商杂调。自河南寇乱，天颜常惨然不悦，无复有此乐矣。相与哽咽者久之。于是作长句纪其事，凡六百二言，仍命之曰《琵琶行》。

琵琶急响多秦声，对山慷慨称入神，同时渼陂亦第一，两人失志遭迁谪。绝调王康并盛名，昆仑摩诘无颜色。百余年来操南风，《竹枝》《水调》讴吴侬。里人度曲魏良辅，高士填词梁伯龙。北调犹存止弦索，朔管胡琴相间作。尽失传头误后生，谁知却唱《江南乐》。今春偶步城南斜，王家池馆弹琵琶。悄听失声叫奇绝，主人招客同看花。为问按歌人姓白，家住通州好寻觅。袴褶新更回鹘装，虬须错认龟兹客。偶因同坐话先皇，手把檀槽泪数行。抱向人前诉遗事，其时月黑花茫茫。初拨鹍弦秋雨滴，刀剑相磨毂相击。惊沙拂面鼓沉沉，砉然一声飞霹雳。南山石裂黄河倾，马蹄迸散车徒行。铁凤铜盘柱摧塌，四条弦上烟尘生。忽焉摧藏若枯木，寂寞空城乌啄肉。辘轳夜半转咿哑，呜咽无声贵人哭。碎珮丛铃断续风，冰泉冻壑泻淙淙。明珠瑟瑟抛残尽，却在轻笼慢撚中。斜抹轻挑中一摘，漻慄飕飗憯肌骨。衔枚铁骑饮桑乾，白草黄沙夜吹笛。可怜风雪满关山，乌鹊南飞行路难。猨啸鼯啼山鬼语，瞿塘千尺响鸣滩。坐中有客泪如霰，先朝旧直乾清殿。穿宫近侍拜长秋，咬春燕九陪游燕。先皇驾幸玉熙宫，凤纸佥名唤乐工。苑内水嬉金傀儡，殿头过锦玉玲珑。一自中原盛豺虎，煖阁才人撤歌舞。插柳停掬素手筝，烧灯罢击花奴鼓。我亦承明侍至尊，止闻古乐奏《云门》。段师沦落延年死，不见君王赐予恩。一人劳悴深宫里，贼骑西来趋易水。万岁山前鼙鼓鸣，九龙池畔悲笳起。换羽移宫总断肠，江村花落听《霓裳》。龟年哽咽歌长恨，力士凄凉说上皇。前辈风流最堪羡，明时迁客犹嗟怨。即今相对苦南冠，升平乐事难重见。白生尔尽一杯酒，繇来此伎推能手。岐王席散少陵穷，五陵召客君知否？独有风尘潦倒人，偶逢丝竹便沾巾。江湖满地《南乡子》，铁笛哀歌何处寻？

听白璧双弹琵琶即席书赠

［明末清初］冒襄

我闻枫香调，千载称唐音。宋有两忽雷，大小双南金。白生擅此技，掐指如龙吟。忆余十年前，闻之魂不禁。此来倾耳听，穆然春光深。初弹如清琴，再弹鸣诸禽。三弹万物变，声响述所寻。有时色失淫，有时月自沉。有时风雨交，长啸摇寒林。众窍恒怒张，对兹恐其瘖。不知天地间，何为获此心。逖哉古声遥，绝技叹生今。

己酉榴月白璧双正五十，过余弹琵琶数日，于其归索诗寿其母夫人八十，即席放歌赠之

［明末清初］冒襄

白君才隽毓名家，独耽声调弹琵琶。琵琶于技殊小巧，君弹琵琶狎瑶岛。缑岭子晋下鹤听，飞琼双成不复道。手持琵琶上高堂，高堂母称八十觞。一觞一曲曲未央，庭帏真乐畴能方。况复君年正五十，榴花满把生红光。吾母今冬亦八十，朝夕承欢如不及。莱子七十始婴儿，我辈向母索饮食。人生万事堪一笑，钟鼎悮人成不孝。君歌我舞绕膝前，世间谁者真神仙。

寒夜听白三弹琵琶歌

［明末清初］冒襄

两月诗酒无不为，晨昏放浪穷端倪。描画雪月罄毫发，抚挲钟鼎通精微。杂沓上客成风约，许陈谭黄来何迟。昨日陈君传语至，白生琵琶绝愚智。非尔空堂响不张，大集诸君谋一醉。主人是日值清斋，张灯置酒忙安排。窥烟异乌栖红沼，隔雾纷葩堕紫钗。灯出文心写生手，化入幻巧通蝌蚪。五狼枕海回紫涛，乃有奇枝如二友。那知陈白去他席，诸君惝怳增不怿。茶声腾沸松风翻，满堂灯酒徒促刺。主人大叫非吾心，七十日来称朱琴。岂有此会阻高深，着屐冲寒惬所寻。闯然一声塞斗室，小饮数人静如漆。交加矖笑步语繁，顿令四座无客膝。白生嫩慢真清狂，诸君且坐尽一觞。我弹琵琶本无方，上穷寥廓下苍茫。朱阮久杳段师失，北宋忽雷难再得。只有陈隋遗恨声，千年宛转缠胸臆。我今为弹声瑟瑟，谱入诗文成绝笔。细如幽兰微一笑，烟视媚行销众妙。猛如铁甲攒大羽，万马迸落到大纛。戛铜声闭假龙吟，拉木风号真虎啸。忽然玉碎与珠抛，缓散播逸不自料。我耳君手无消息，霜天古木孤鸿叫。白生此技诚难名，陈隋亡国皆文人。顿挫浏漓得至性，幽抑怨断传深情。我辈飘零悲本地，流连倾倒盈心泪。不须斛首湿青衫，只觉低回伤旧事。我有万感付琵琶，我有长歌手八叉。一滴不饮只谋酒，平生好客无其家。且嚼冰雪酬岁暮，明年浪迹游天涯。

听白生弹琵琶

［清］陈维崧

其一

落拓司勋有鬓华，飘零瘦沈客天涯。
那堪水碧山青日，坐听当筵《穆护沙》。

其二

玉熙宫外缭垣平，卢女门前野草生。
一曲《红颜》数行泪，江南祭酒不胜情。

其三

贺老琵琶识者稀，开元乐部事全非。
虢姨已去宁王死，流落江东一布衣。

其四

十载伤心梦不成，五更回首路分明。
依稀寒食秋千院，帘幕重重听此声。

其五

感慨苍凉复窈蒙，细如春梦疾如风。
少年漫把红牙拍，此是檀槽太史公。

其六

纵酒狂歌总绝伦，曾将薄艺傲平津。
江南江北千余里，能说兴亡是此人。

其七

醉抱琵琶诉旧游，秃衿矫帽脱帩头。
莫言此调关儿女，十载夷门解报仇。

其八

淼淼浔阳秋复春，琵琶亭下事成陈。
因君今夜凄凉曲，重忆元和白舍人。

摸鱼儿

[清]陈维崧

家善百自崇川来，小饮冒巢民先生堂中，闻白生璧双亦在河下，喜甚，数使趣之。须臾白生抱琵琶至，拨弦按拍，宛转作陈隋数弄，顿尔至致，余也悲从中来，并不自知其何以故也。别后寒灯孤馆，雨声萧槭，漫赋此词，时漏已下四鼓矣。

是谁家、本师绝艺，檀槽掐得如许？半弯逻逤无情物，惹我伤今吊古。君何苦。君不见、青衫已是人迟暮。江东烟树。纵不听琵琶，也应难觅，珠泪曾干处。

凄然也，恰似秋宵掩泣，灯前一对儿女。忽然凉瓦飒然飞，千岁老狐人语。浑无据，君不见、澄心结绮皆尘土。两家后主，为一两三声，也曾听得，撇却家山去。

得全堂听白璧双琵琶

[明末清初]陈世祥

不向人间叹摇落，得全堂中纷趾错。日日主人谋酒钱，挝鼓烧灯事羹臛。此日诗狂百不忧，此时烂醉何所求，一醉不知天地窄，他乡日月忘春秋。云簇凄迷天欲雪，张家斗室称精绝。欻到琵琶白璧双，相逢把手从头说。主人𬴂客行巨觞，频剪烛灺花满床。窗前悬火光历乱，有客窥石声淋浪。披帷而入非一个，抚掌狂呼消息大，顿疑身是病维摩，十万八千师子座。璧双起解琵琶囊，掩抑幽怨声无方。闻者不言而神伤，我有酒情万斛都销亡。主人秉烛向厅事，酒中杂坐无伦次。更向弦中诉旧怨，酒情如海愁如彗。愁深四座总茫茫，夜阑飞满帘前霜，琵琶自是伤心物，断尽人间万古肠。

寒夜饮巢民得全堂，观凌玺徽手制花灯，旋之张宅，听白璧双琵琶歌

[明末清初] 许承钦

衰翁陶写赖丝竹，哀思怕听陈隋曲。但歌番调拨鹍弦，掉头便向燕云哭。燕云往事浩茫茫，仲冬重游射雉场。雉皋爱客复有几，置驿今推冒辟疆。先是邓项兼徐子，得全堂中聚诗史，陈黄汪谭洎我来，冲雪联吟灯继晷。黄梅插案倒清樽，炙兔烧獐娱众宾，绝句钟书嗟小宛，团丝绣结讶神针。忽闻白生崇川下，遍觅乃在张之榭，羊脂灌蜡旋然灯，亭馆玻陀光不夜。兰笑石边莲笑池，枇杷桃杏纷葳蕤，晶莹的砾枝乱动，问是凌生能尔为。却忆前朝风物好，不仅琵琶传贺老，昆仑已逝段师止，绝技白生今潦倒。笼灯竞赴贾家桥，寒夕频将深户敲，白生半醉出相迎，重斟桂醑呼六幺。须臾白也雄风作，曲项忽雷精闪烁，奔涛激射细萦丝，小珠大珠珠错落。高唱先皇十七年，海内喧豗

在眼前，漫天扫地兵戈集，杀气悲啼乱杜鹃。已听喁喁复卿卿，突遭霸王恣呵叱。妖娆唇上舞鹍鸡，褒鄂腕下飞霹雳。哀猿叫树当穷秋，酸风透背森飕飕，雪花如掌打窗纸，呜呜陇水声西流。群公俯首皆欲咽，辟疆更似惊蝴蝶。空堂倏尔置居庸，围绕兜离心胆怯。掐罢哀弦望大江，陈隋遗恨寄新腔。掉头再向燕云看，怕听当筵白璧双。

仲冬晦日巢民同令子青若招饮湘中阁看雪，同散木孝威嵋雪无声石霞永瞻，再听白璧双弹琵琶，续呼三姬佐酒歌

［明末清初］许承钦

雪风凄紧天漠漠，雅人兴寄湘中阁。玉龙百万舞高空，推窗望眼迷丘壑。主翁大适客狂喜，开尊炙炭当寥廓。团圞促膝杂庄谐，杯行到手忘酬酢。须臾雪片没萱窝，更呼红裙慰落魄。盏池叶艇载妖姬，眉棱真似纥干雀。拥炉狎语失端倪，白生鹍弦响铁拨。一歌浔阳江上秋，再歌沉香亭下乐。座中谁觉有寒威，纷向妖姬恣欢谑。萧条四野苦饥寒，吾侪对此能无怍。回头漠漠祝高空，愿化雪花当羹臛。

寒夜饮巢民得全堂，观凌玺徵手制花灯，旋之张宅，听白璧双琵琶歌

［清］邓汉仪

生平爱听陈隋曲，铁拨鹍弦生断续。今冬偶作雉城游，雪涨空天哀响促。曾是通州白璧双，琵琶名誉腾江湘。竭来寄宿东皋路，白眼横睨无金张。吾辈三五邹枚客，流落风尘头半白。观灯却聚冒氏堂，听曲谁为崔九宅。侧闻生在贾家桥，夜燃桦烛亲相邀。主人遮客客还住，更开绿蚁淹通宵。四座持杯各有语，请君拨弦休龃龉。一夜诗成好赠君，明朝传遍旗亭女。白生一笑启檀槽，钩帘人静无喧嚣。初弦欲细声嘈嘈，一丝摇漾凝纤毫。放声忽若雷霆高，盲风涩雨昏林皋，淙淙幽涧鸣波涛。如闻二女思君劳，哀猿杜宇求其曹。调高弦响忽欲住，陡若万马归临洮。闻弹先帝十七年间事，离乱风光动人涕。今宵翻作儿女行，拉杂摧藏无不至。虽然不作永嘉愁，对君如读开元志。湖南采访几欷歔，浔阳商妇长憔悴。独昔君家艺绝伦，梅词班管歌词新。至今飘泊犹江外，夜阑沾醉潜悲辛。我亦同时失路人，闻唱红盐泪满巾。乌啼客散天昏黑，槎枒树塞长河滨。

芙蓉池上听白生弹琵琶

［明末清初］范国禄

秋阴池上夜溟溟，月照芳筵人意静。
垂杨深处堕天光，一池冷浸仙仙影。
美人入座弹琵琶，三更落尽芙蓉花。
酒酣耳热心悄悄，月明又向西楼斜。
先帝宫中谱弦索，此声绝倒《十八拍》。
十年风雨暗梨园，肠断娄江金马客。
今夕悠悠行乐词，春衫湿透无人知。
天南恐有宾鸿至，切莫再弹《悲昔时》。

重赠白生（二首）

［明末清初］范国禄

其一

十年前弄江州调，人比风流谢镇西。
今日紫罗襦尚在，国门楼上许重提。

其二

少日情怀似彦回，更因老健得清裁。
秋香亭畔倚双璧，一曲怀风酒一杯。

李方膺不宜官

清扬州八怪李方膺，南通人，字虬仲，号晴江。其出身显宦，尝随父陛见雍正帝，父奏称其“性憨，不宜官”，雍正帝不听，谕总督田文镜用为知县。后方膺果以刚直触上司，入狱三年之久。晚岁寄居南京，改号借园主人，写墨梅以资衣食，有诗云，“我是无田常乞米，梅园终日卖梅花”。其梅铁骨清峻不俗，郑板桥云，“晴江李四哥独为于举世不为之时，以难见奇，以孤求实，故其画梅为天下先”。

若朴堂主人有绝句赞之：

晴江憨性定沉沦，傲骨奇才耻帝秦。

写尽梅花无彩色，摧折啮啮养精神。

吕凤鼎公，喜予南通故事，有和作云：

性憨的确不宜官，卖画犹堪挣米钱。

铁骨梅花惊世俗，元膺本是画中仙。

晴江憨性定沉沦，傲骨奇才耻帝秦。
写尽梅花无彩色，摧折啮啮养精神。

范梅强书靳飞诗作

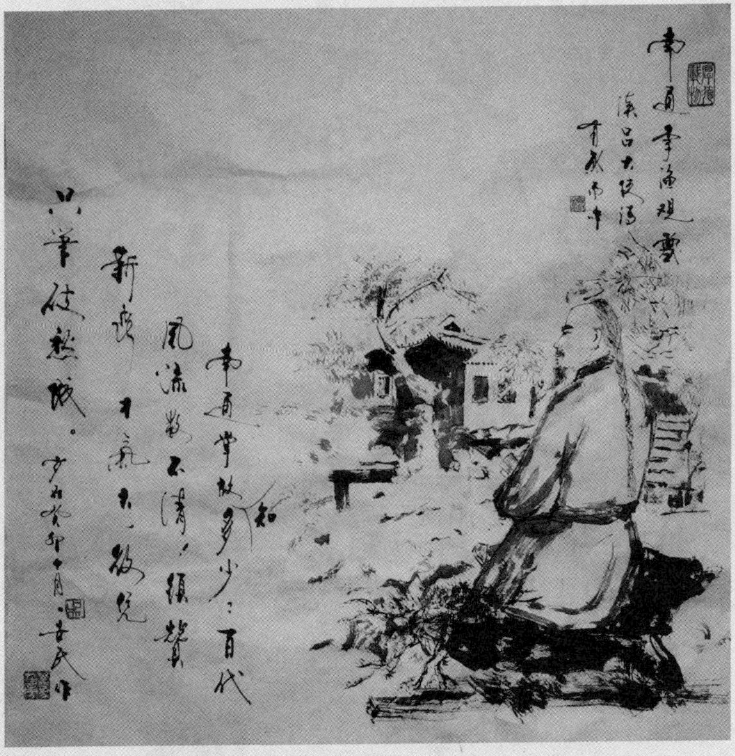

中国老龄产业协会执行会长吴世民为靳飞诗作画

郑板桥客狼山诗

清郑板桥三十五岁作《游白狼山》二首，其一云："积雨空山草木多，山僧晨起斫烟萝。崖前露出一块石，悄坐松阴似达摩。"其二云："悬岩小阁碧梧桐，似有人声在半空。百叩铜环浑不应，松花满地午阴浓。"白狼山即今南通狼山。板桥未发迹时，每至一处，多与僧人往来，寄居山寺之中。非板桥有出世之想，伤哉贫也，正板桥诗所谓"乞食山僧庙"。我师张中行翁昔年一度求职北京广化寺，晚年自嘲云，和尚吃十方，我吃和尚，多吃了一方，可称"吃十一方"。板桥亦吃十一方者也。

若朴堂主人有诗和板桥：

狼山胜地养达摩，总为书生苦处多。

乞得山僧一碗饭，还他惊世几舷歌。

吕公凤鼎有和作云：

狼山当日困板桥，乞食僧门志未消。

应喜大才终有用，颠狂本色是逍遥。

郑板桥书《刘柳村册子》

清郑板桥四十四岁中进士，六旬去官，“写取一枝清瘦竹，秋风江上作渔竿”。板桥六十八岁，应南通保培源保培基兄弟之请，寓保氏井谷园数月。其间赴今如东丰桥汪之珩文园雅集，忽然情不能已，直抒胸臆，为柳村刘三写长卷《诗叙》，畅忆平生诗词来历，言其早年词学陈其年迦陵，旋即“突过其顶”，改学秦观黄庭坚，更后则“愈愤怒，愈迫窘，愈敛厉，愈微细”，乃自立门户矣。板桥作此语时，应知陈迦陵亦曾客居如皋十年也。

若朴堂主人有绝句云：

板桥老去欲颠狂，井谷园中兴味长。

写与刘三诗册子，迦陵不复比秦黄。

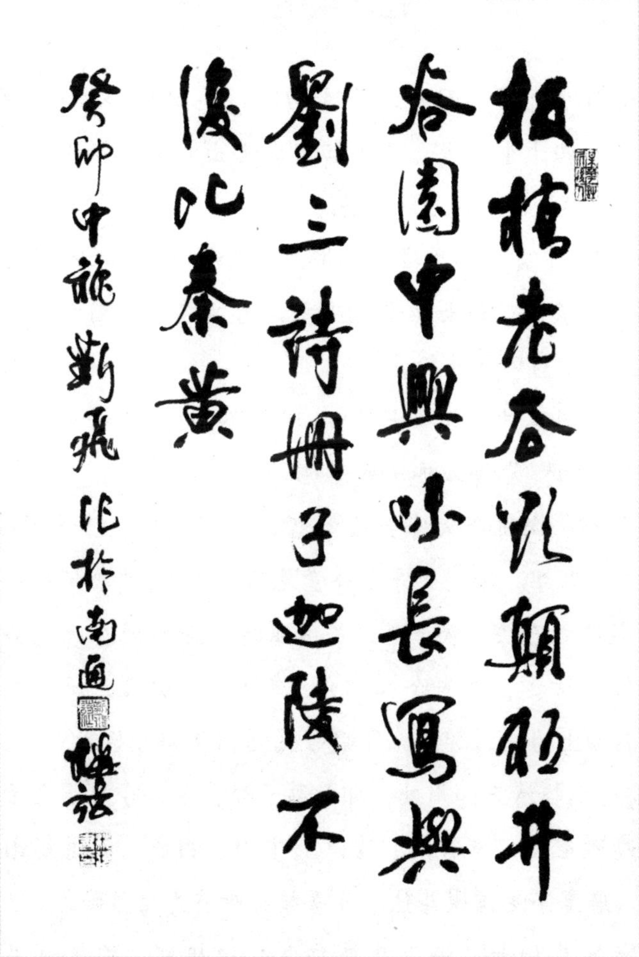

板桥老去欲颠狂，井谷园中兴味长。
写与刘三诗册子，迦陵不复比秦黄。

范梅强书靳飞诗作

附：

刘柳村册子

［清］郑板桥

板桥自京师落拓而归，作《四时行乐歌》，又作《道情》十首。四十举于乡，四十四岁成进士，五十岁为范县令，乃刻拙集。是时乾隆七年也。

《道情》十首，作于雍正七年，改削十四年，而后梓而问世。传至京师，幼女招哥首唱之，老僧起林又唱之，诸贵亦颇传诵，与词刻并行。

拙集诗词二种，都人士皆曰："诗不如词。"扬州人亦曰："词好于诗。"即我亦不敢辩也。

游西湖，谒杭州太守吴公作哲，出纸二幅，索书画。一画竹，一写字。湖州太守李公堂见而讶之曰："公何得有此？"遂攫之而去。吴曰："是不难得，是人现在此，公至南屏静寺访之，吾先令人作介绍可也。"次日，泛舟相访，置酒湖上为欢，醉后，即唱予《道情》以相娱乐。云："十年前得之临清王知州处，即爱慕至今，不知今日得会于此！"遂邀至湖，游苕溪、霅溪、卞山、白雀，而道场山尤胜也。府署亭池馆榭甚佳，皆吾扬吴听翁先生所修葺。

虎墩吴其相者，海上盐鳖户也，貌粗鄙，亦能诵吾《四时行乐歌》，制酒为寿。同人皆以曰咄咄怪事。

高丽国索拙书，其相李艮来投刺，高尺二寸，阔五寸，厚半寸，如金版玉片，可击扑人。今存枝上村文思上人家，盖天宁寺西院也。

妙正真人娄近垣与予善，令其侍者石三郎歌予诗词，飘飘有云外之响。予爱之，遂举以赠。董耻夫亦令歌《竹枝》焉。后三年，求去，泣不可留，仍返于娄。想其仙骨，不乐久住人世俗尘嚣热耶？

新安孝廉曹君，是墨人曹素功后裔。尝持藏墨三十二挺谒予，易《词钞》一册。且云："公有《官宦家》词：'朝霞楼阁冷，尚牡丹贪睡，鹦哥未醒。'不但措词雅令，而一种荒淫灭亡之气，已兆其中，所以甚妙。"曹君知言，故亦以词称。

又《晚景》一首，调寄《蝶恋花》："一片青山临古渡，山外晴霞，漠漠收残雨。流水远天波似乳，断烟飞上斜阳去。　徙倚高楼无一语，燕不归来，没个商量处。鸦噪暮云城堞古，月痕淡入黄昏雾。"

板桥山中之作便摹写秦黄，无复迦陵矣。

作是词才二十六岁。后七年，游京师，欲以直隶秀才入北闱，为友人所阻。先不得入小试。遂发愤入山，与老僧枯坐，或游于碎泉乱石卧松倒柏之间，欲深究词学。细翻花间、草堂，知苏辛豪荡，尚属词家外调，况陈髯乎。遂刻意于太白、飞卿、南唐后主、少游、柳七之间。柳七以"晓风残月"压倒铜琶，遂令子瞻醉心，姬人拥膝。其他俚语最多，正不及少游之风流稳俊也。

紫琼崖道人慎郡王也赠诗："按拍遥传月殿曲，走盘乱泻蛟宫珠。"愧不敢当，然亦佳句。

南通州李瞻云，吾年家子也。曾于成都摩诃池上听人诵予《恨》字词，至"蓬门秋草，年年破巷；疏窗细雨，夜夜孤灯"，皆有赍咨涕洟之意。后询其人，盖已家弦户诵有年。想是费二执御挟归邪。

《兰亭》六种，枣木刻。《武王十三铭》八分书，碑在范县。临济派满天下，祖庭不修，可悲也，予作碑以新之，在大名府东关外。潍县城隍庙碑最佳，惜其榻本少尔。

板桥居士好填词，盖其童而习之也。十余岁游金陵书肆，得其年陈先生迦陵词半册，喜其辞繁气茂，遂学之，然已突过其顶。如《送顾万峰之山东》词云："到看泰岱纵天坠，矗青空，千岩万嶂，云揉月洗。封禅碑铭今在否，鸟迹虫鱼怪异，为我吊秦皇汉帝。夜半更须临日观，紫金球涌出沧溟底，尽海内，奇观矣。"迦陵好用成语，此则自铸伟词，神清骨锐，恐非迦陵所能到也。

少游词云："斜阳外，寒鸦数点，流水绕孤村。"又云："行人一棹，天涯酒醒处，残阳暮鸦。"又云："臂上妆犹湿，襟间泪尚盈，水边灯火渐人行，天外一钩残月带三星。"又云："名缰利锁，天远知道，和静也瘦。"其好句不一而足，岂止柳七之"晓风残月"而遂已乎。

板桥貌寝，既不见重于时，又为忌者所阻，不得入试。愈愤怒，愈迫窘，愈敛厉，愈微细，遂作《渔父》一首，倍其调为双叠，亦自立门户之意也。

“宿雨新晴江气凉，湿烟初破柳丝黄，才上巳，又清明，桃花村店酒饼香。漠漠海云微漏日，茫茫春水渐盈塘，波澹荡，燕低昂，小舟丝网晒鱼梁。”

渔父双叠，后半又拗一字，盖师其意，不师其词。

板桥最穷最苦，貌又寝陋，故长不合于时。然发愤自雄，不与人争，而自以心竞。四十外乃薄有名，所谓诸生曰“万盈四十乃知名”也。其名之所到，辄渐加而不渐淡，只是中有汁浆耳。庄生谓：“鹏怒而飞，其翼若垂天之云。”古人又云：“草木怒生。”然则万事万物何可无怒邪？板桥书法以汉八分杂入楷、行、草，以颜鲁公《座位稿》为行款，亦是怒不同人之意。

乾隆庚辰秋日，为柳村刘三兄书此十二页。

（1993年第3期《书法丛刊》大连张瑞安先生藏墨迹，原作钤“心血为炉熔铸今古”白文印章）

如东汪氏文园垒石

邓之诚《骨董琐记》之《垒石》篇记，如东汪氏文园之垒石，系于清嘉庆道光年间，出自常州名家戈裕良之手。郑板桥于乾隆二十五年七夕做客文园，则未及见此石也。文园主人汪之珩有诗《庚辰七夕同王竹楼、郑板桥、郭琅亭、黄瘦石》四首：

其一

风雨连绵直到秋，欣逢晴夕共登楼。

西南一抹河清浅，流水迢迢万古愁。

其二

嫩凉初试薄罗天，看到双星意惘然。

不作团圆又离别，一逢一度一年年。

其三

别有星槎不渡郎，却劳乌鹊代津梁。

神仙毕竟无虚语，独倚琼箫耐晚凉。

其四

儿女无端笑口开，跪陈瓜果满凉台。

明朝捡去蜘蛛网，笑语姑姑得巧来。

通州福山有日本砚

邓之诚《骨董琐记》有《砚材》，云："通州福山有日本石砚，发于墙壁，相传倭寇压船来者，质坚细致发墨，有黄紫黑三种，莫名何石。"

清及民国时在京会馆

清北京南通会馆在宣武门外大街，北邻天门会馆、永济会馆、江西会馆，隔街相望有浙江会馆、翼城会馆、河郏汝会馆。

北京另有如泰会馆，即如皋泰兴，其址在后孙公园胡同八号，与台州会馆、泉郡会馆相邻。

英国人知狼山难过

狼山古为江淮门户，海防重镇，明嘉靖时设狼山总兵，恃天险而卫维扬。有英国人名令利者，撰《太平军之扬子江日记》，有但焘译本。令利记其于清同治五年自沪乘船赴汉口，途经南通，云："航行之初，恰遇非常之雾气，渐离江口，江口颇广阔，若其间无崇明岛，则左右弥望，皆不见陆。当此时，经过非常之困难，乃于夜间抵狼山，即下锚焉。暴风猛烈，从大海方面吹来，此夜吾人之心曲，颇恐怖，深恐锚销被拔，漂流至海岸。及至翌晨，则锚已被曳至一海里之远矣。江口附近两岸，田亩颇高，郁郁苍苍，一望弥缘。此江岸依自然力之法则，渐加渐高，故望之如同森林。青青河畔，足供眺望，乃此地方之特殊风景也。北岸狼山山边，南岸福山山边，洲渚甚多，岛屿错出，航行之际，最为危险。所谓'狼山难过'者，水路至狼山方面，为极锐之曲折，难极坚好之船，往往葬送于此。"福山在今常熟市北，与狼山左右相对也。

若朴堂主人有诗云：

今时景致旧时难，两岸狼福布暗滩。

卫护淮扬繁锦地，五山镇静江南安。

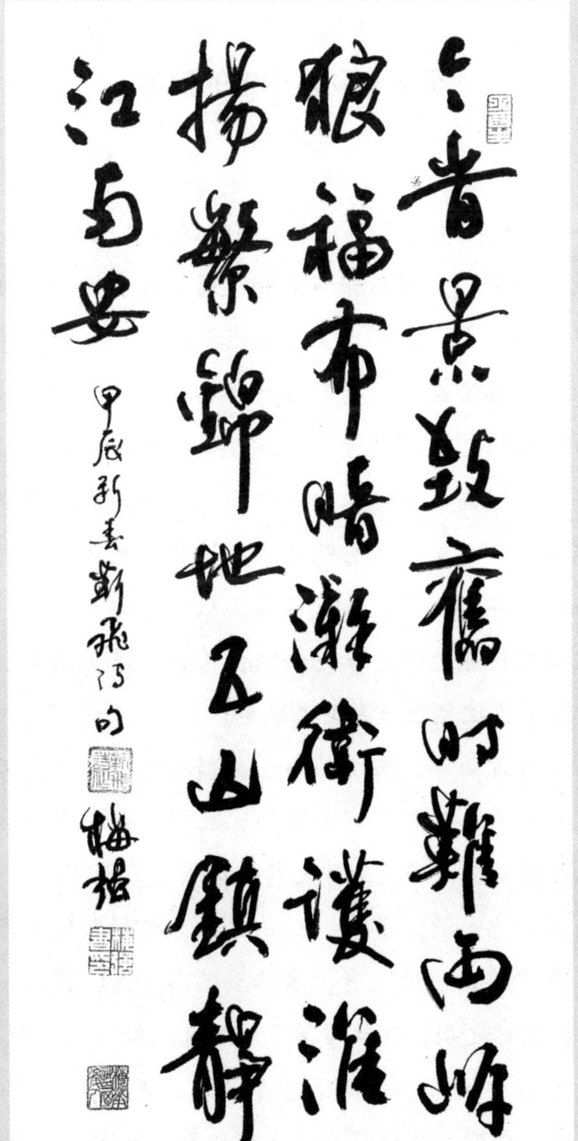

今时景致旧时难，两岸狼福布暗滩。
卫护淮扬繁锦地，五山镇静江南安。

范梅强书靳飞诗作

附：

英人令利日记中的狼山

但焘 译

吾人所乘碇泊于上海之船，将往汉口，思之诚为便利。此番经过南京，自当与守城者相交通。就我而论，亦一观察形势之好机会；且李忠王所委我之任务，借此一办，亦最敏最良之办法也。于是豫备行李各物，装煤炭，拔锚起程，而进溯此“大海之子”之扬子江。航行之初，恰遇非常之雾气，渐离江口，江口颇广阔，若其间无崇明岛，则左右弥望，皆不见陆。当此时，经过非常之困难，乃于夜间抵狼山，即下锚焉，暴风猛烈，从大海方面吹来。此夜吾人之心曲，颇恐怖，深恐锚销被拔，漂流至海岸。及至翌晨，则锚已被曳至一海里之远矣。

江口附近两岸，田亩颇高，郁郁苍苍，一望弥缘。此江岸依自然力之法则，渐加渐高，故望之如同森林。青青河畔，足供眺望，乃此地方之特殊风景也。北岸狼山山边，南岸福山山边，洲渚甚多，岛屿错出，航行之际，最为危险。所谓“狼山难过”者，水路至狼山方面，为极锐之曲折，难极坚好之船，往往葬送于此。有汽船曰“开脱”者，竣工之后，初次落水，即遭险于此处，以方沿海岸而走，适遇怒潮，转瞬颠覆，深沉水底，船员、旅客之死者极多，并贵重之货与金币，亦付汪洋矣。

抑此处不特浅洲小渚，易于触礁之危险已也，更有海盗与盗贼，见于记载者不少焉。此等之贼，时而为叛徒，时而为渔夫，时又离海岸而为乘船之大海贼。且又时而为政府党之战船，此等乘员为政府之军队与海客所组织，常为残忍之掠夺。余游扬子江时，欧人之五六商船，有被掠夺者，船员亦有被杀者。此等事已习见不鲜。总之在此航行中，而不为此等海贼所袭者，殆绝无之事也。

自狼山百十哩而至镇江，其间风景无大差异，但见水流潆洄。泥少淤积，为一片之低地。然殊令人想象其地种植之繁富，觉可耕之地，尚沉埋簇叶之下。盖即树木之种类观之，色色形形，已可惊矣。

日谍之记录通州如皋

日本海军少尉曾根俊虎于光绪元年前后受命来华从事谍报，著有《清国漫游志》《北中国纪行》《中国近世乱志》《各炮台图》《俄清之将来》等，皆其军事报告也，故于每地均绘制地图，标记军事设施及驻军情况，用意显而易见。所奇者，其于各地之物价特产，风土人情，均有描述。其《北中国纪行》有自常熟至福山，再至通州如皋转至泰州一节。彼于福山记云：

“扬子江是举世闻名的大江，胜迹甚多。三国之时，该江属于吴郡，周郎大败曹操，东坡咏‘山高月小’，或者项王率子弟八千逾越之处，皆在此江上流。还有明末李自成之乱，腥尸掩江，江水变红之处，亦在此江。其他文人墨客之吟咏，英雄豪杰之起伏，已是人所周知。此江实乃江南江北之要地。现在我所停泊之地福山镇之河口也是扬子江之支流，满潮之时，十四马力的蒸汽船可以自由来往。如若现在有变，要突袭此地，可以于夜间趁潮而偷偷上陆，一队潜入河口，一队袭击南边桥畔的兵营，一队以西北的山丘为阵地，三队兵力相助，再加上使用一个炮队，定是取而不难。”

曾根报告之二三年后，日军参谋部即拟定《讨清国策》，中有以武力攻长江中下游之略，则读此文字，令人不寒而栗。

然则其于通州遇广东雷州总兵张步钱及通州人刘金堂，张刘之于曾根并无防范，问则必答，且邀游狼山，及至分别，曾根记云：

“其时，刘、张等来，我告诉他们明天启程，给了他们几枚本邦的五十钱银币。他们以诗相赠，还要求我们赠诗和本邦的文字。于是，町田氏（其同行者）作三十一字和歌一首，我作汉诗一首相赠，两位非常喜悦。六点，吃过晚饭后，收拾行李，告别旅店而上船。刘、张及店主人等来惜别，到船上以鸡蛋、茶叶等为我们饯行，谈话之间，船主催发，相互以期再会而别。此辈真是清国人中奇特人物，有一见如故之友情。我辈也深深为之惜别。”

予读至此亦良久无语，诗云：

空说海外宋襄仁，宇内从来有暴秦。
欲死合肥伤宝剑，秋风落叶立江滨。

空说海外宋襄仁，宇内从来有暴秦。
欲死合肥伤宝剑，秋风落叶立江滨。

范梅强书靳飞诗作

附：

北中国纪行之通州如皋

[日]曾根俊虎　范建明 译

从常熟县到福山口

四月十二日，星期三。从常熟县到福山口。

早四点三刻起航，沿着城墙的右边前行数里，鸡鸣狗吠，东方半白，残月影幽。五点五十三分，太阳高升，光辉直射篷窗。这一带两岸尽是耕地，处处有竹林，离城已经二里余。站立船头，回顾虞山，横截城墙，蟠亘南北数里。其高大约一千二百尺，其形状不甚嵯峨。山顶上有要塞一样的小城，中央有数十家屋，树木稀疏，而蔓草青青。该山为名山，据说往古常熟之虞仲隐居旧迹至今尚存。七点经过一村，名叫马家桥，有矮屋三四十户。因为舟子要上岸买菜，于是暂时停船，本地人围观如堵。既而解缆，前行数百米，无一茅屋。右方为耕地，可见黄菜紫豆；左方有一片竹林，顿觉习习清风凉爽。水波荡漾，由北而南流，因知是福山口之满潮。前行里余，经过名叫谢家的小村。过十一点，来到一处，名叫小家桥，有茅屋二三。问到福山城里数，回答说有三里。从此处可以遥望福山口之翠峦。十二点抵达福山口，从人家的左边经过。左边泊舟甚多，还停泊着数十兵船，每船都有五六门清国自制的三磅左右的大炮。右边没有人家，只有无边无际的茫茫耕地。既而在距离扬子江百来米的地方抛锚停泊。为了另租船只而上岸，讲好到通州七个美元，因为到此为止所租的船极小，不能渡江。归途顺便转悠了一下市街。街道很窄，家屋简陋，不见有殷富之色。市街之南有一个兵营和一个衙署。西方是福山，高约千尺，无树多石，蜿蜒曲折于东西里余之间，更无城郭。东北即扬子江，其渺漫之状宛如大海，东方远处可以看到灯台，北方可以遥望狼山于云端。过三点，回到船上。与前面乘坐的船结了账，付了款，乘上了新租用的船。从上海至此花了三天半，船的费用是八个半美元。新租用的船是原来那船的两倍大，造法也坚固。五点过后，町田氏上岸，六点后回到船上。吃晚饭时，呼船主同餐共饮，种种话题之间，问及该地兵数户数，船主回答说兵数水陆合计八百名，户数二千有余。七点天色已晚，海风推波助澜。九点半，记完日记就寝。

此日行程三十六里。河路与昨日相比不甚曲折，多耕地菜畦，而很少见到麦垄。午前八点气温华氏五十四度，午后四点五十二度。整日晴天，稍有微风。

扬子江是举世闻名的大江，胜迹甚多。三国之时，该江属于吴郡，周郎大败曹操，东坡咏“山高月小”，或者项王率子弟八千逾越之处，皆在此江上流。还有明末李自成之乱，腥尸掩江，江水变红之处，亦在此江。其他文人墨客之吟咏，英雄豪杰之起伏，已是人所周知。此江实乃江南江北之要地。现在我所停泊之地福山镇之河口也是扬子江之支流，满潮之时，十匹马力的蒸汽船可以自由来往。如若现在有变，要突然袭击此地，可以于夜间趁潮而偷偷上陆，一队潜入河口，一队袭击南边桥畔的兵营，一队以西北的山丘为阵地，三队兵力相助，再加上使用一个炮队，定是取而不难。

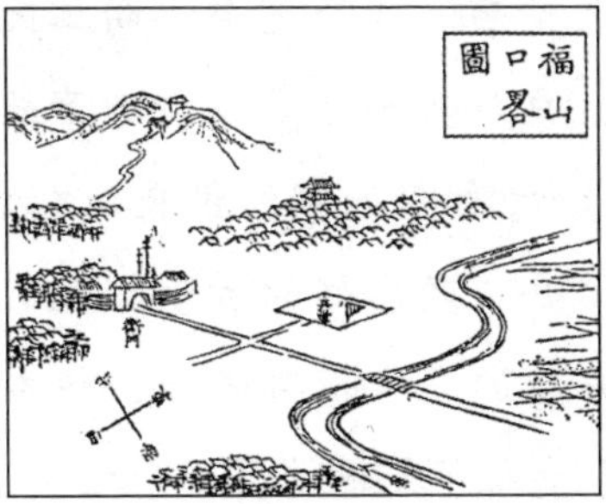

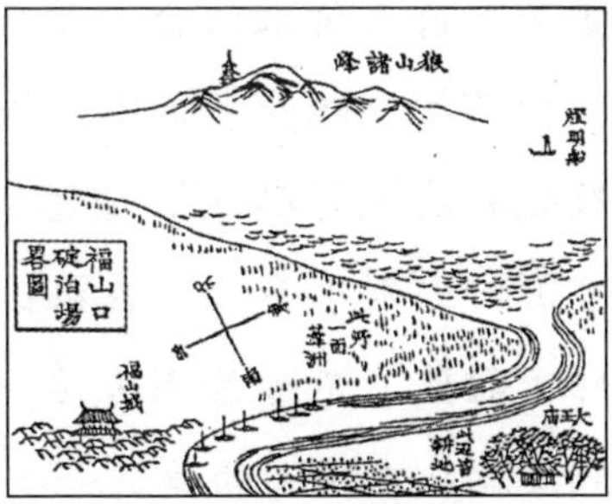

从福山到通州

四月十三日，星期四。从福山到通州。

早二点五十分起锚，此时天风歇息，月窥篷窗，众星于江渚之间灿烂闪烁。舟子六人，棹声相和，趁潮出江，远处可以看到灯船一点。航向东北，航行数里，西南风动，收棹扬帆，转向正北而进。五点，东方始露曙色，月淡星稀。六点半，风力减弱，波浪趋静，回头而望，舟在江中央。江水浩渺，如在海上。后面远远背对福山，前方遥遥面向狼山。时有轮船驶向汉口。七点四十分抵达姚港村停泊，前来围观者甚多。既而上陆，将行李装于独轮车上，经过小堤，九点二十分抵达姚港镇。该镇人家有二百许，据说从此处至通州十二里。经过姚港镇后，右方可以望见狼山诸峰。前行数里，其间豆麦夹路，柳暗花明，田野香风袭衣，鸟语媚人，聊慰旅途辛苦。十点四十分，抵达通州，在城南街朱宝号客栈住下。午后广东雷州镇总兵官张步钱及通州本郡刘金堂二氏前来请求面会，即与之见面。谈话之余，向二氏打听了该地物产、名山旧迹、户口兵卒之多少、古董或歌妓之有无等情况。回答说，物产有花布、银鱼及盐。名山旧迹则很多，多在狼山诸岳。既有好的古董，也有好的歌妓，不过禁止卖淫。户口的多少不得而知，但本地及驻扎在狼山的旗兵一共六千人（我想所谓六千之兵，其编制犹如北京的所谓八旗兵，与实际的兵数的多寡无关，只是按照记名在册领取军饷的人数统计的数字）。又请问孔子、关羽诸庙在何处，我辈想去参拜，请二位告诉我辈。他们回答说诸庙都在城内，可以陪同前往，于是相约同行。此时想看气温表，而气温表已坏，不能使用。这可能是因为先前雇用的车太颠簸的缘故，真是旅行中的一个遗憾。一点过后吃午饭，饭还是带有黑色。菜有猪肉，肉肥油多，还有臭气。用餐之地及碗筷等餐具之不洁，无法用语言形容。没有固定的厕所，人畜大小便都是随意随地。此为清国内地一般风习，但是如我辈这样的异国之客怎能习惯？然而吃苦冒险就是我辈现在的任务，种种辛苦无需诉说。二点，由张、刘二氏带路，与町田氏一起去城内转悠了一圈回到客栈，给张、刘二氏赠送了随身带来的本邦的漆器，以表示感谢之意。

二氏极为高兴，并约定明天同游狼山而归。该州属扬州府管辖，三国时代张远驻守此地。此城位置，四周茫茫平地，除了狼山、金山诸峰之外，四方不见山岳，东南远接东海及扬子江，绕城河流有几条，漕运极为方便。建筑等与常熟城相类，其城墙周长约有二千来米，城内人家大约有两千余。街道狭窄，房屋低矮，然不见“长毛贼”遗害之迹。买卖之兴隆不能与上海相比。没有炮台，在南门的边上看到地上横放着一门清国旧制的炮。兵营只有南门外道路右边有，别处不见。从前些天开始一直有很多围观者，停船则把船围住，住店则把店围住，特别是今天城中之行，围观者大声喊着“东洋人”或“高丽人”，我辈成了古今未曾有的奇观，追尾围堵者络绎不绝，没料到想看城中的人反而成了城中奇观。我一开始就穿了清国服装，所以并没有什么异样之处，而町田氏穿的是本邦服装，特为注目。第二天，町田氏因为对众多的围观者也感到厌烦，就购买了清国服装和西瓜皮圆帽，装了发辫，以防围观者。

据史料记载，通州属扬州府管辖，东与大海，西与丹徒，南与昭文，北与泰州接界，是陆路之要津海防之重镇，距离北京二千六百九十里，至省城五百三十里，领属两个县。民俗崇尚奢华，盗贼少而诉讼简。特产有沙参、盐、银鱼、石炭、棉花等。解司银一万六千二百六十两，米三千五百五十八石，杂税银六百三十两，仓谷四万石，养廉银二千两。

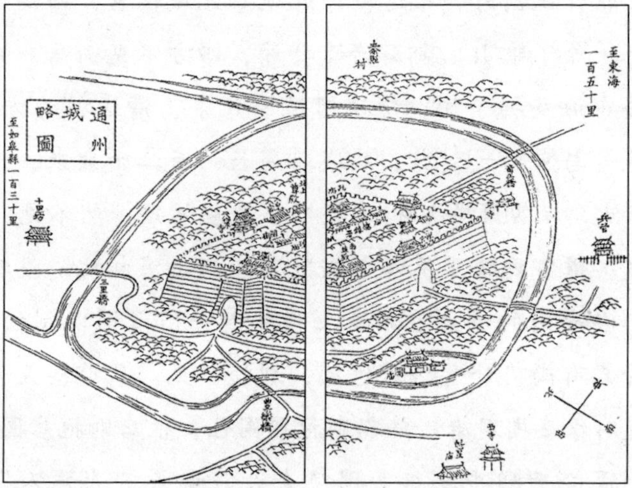

逗留通州

四月十四日，星期五。逗留通州，游览狼山。

八点后，在刘氏的陪同下离开寓所，来到西门外雇了一辆独轮车，沿着左边的小河前行。道路宽而直，自从上海出发后，一路上还没有看到过这样好的道路。而唯一令人讨厌的是路上有很多要饭和要钱的乞丐，他们挡在道路中央，暗暗观察着行人的贫富，动辄就拉住你的衣袖向你要钱。我觉得此地乞丐比本邦维新之前还要多。徐行而前，经过了几个村落，十点稍过，抵达狼山之麓。有一个门楼，经过此门楼，两边茶坊栉比。前行三百来米，右边有题有唐骆宾王之墓及南宋金应将军之墓的石造华表，华表后面有石碑，石碑上刻有“闽人某建立”几个字。左边白墙上可以看到用金粉写的阿弥陀佛四个字。从这里右转登上石阶，有两个握剑直立的木偶人，其大七尺许。再爬数十级石阶，有一个堂，其中有几个金佛，最大的七尺余，金光闪耀，让人觉得刺眼。又曲折上登数十级，绿树夹道，小店并列，恰如我邦浅草寺门前狭窄的市街一般，士女往来如织，极为热闹。穿过市街，有一门，守门石狮如笑如怒，相对而立。既而又至一堂，祭拜之客成群，堂中有一个金像，上面有一块匾额，匾额上题有“海不扬波”四个金字。经过此堂，有一座高塔，后面又有一个设有金像的庙，前来祭拜的男男女女连袂接裾，各许所愿，钟声扰耳，香烟熏人。看完后，登上前记高塔。塔高一百二十尺，六层，每层四周设有栏杆。登上顶层，则一望千里，俯瞰马鞍山、军山于脚下，北可近看巍巍耸立的通州城阁，南可远眺蜿蜒于烟际的常熟、福山，近处则有长江洪流，渺渺茫茫，从西南边际东流入海。白鹭双双，帆舟点点，近村远邑之间，花柳点缀，菜黄豆绿，各逞其色，风软软，鸟喈喈，满眼千里好风景，流连忘返，赏叹良久。下了高塔，来到山麓一家小店喝茶休息。之后，又雇了一辆小车，一点过后返回寓所。

狼山自古就是名山，秦时始有此名。吴越之时，勾践几次于此山摆阵，打败吴兵。其状像是平地拔地而起的峨峨险岳，其高大约四百二十尺。峰顶有祭祀状元胡长龄的高塔，东北绝壁如削，西南虽不平坦，然可登可降，右边是马鞍山、黄泥山，左边是军山诸峰蟠屈连亘于东西数里之间，南边距离长江直径四里，北边距离通州城二十里（我想，一旦有事，从长江登陆，以此山为根据，则是控制通州以北的最为有利的地势）。三点后，叫来船主，约定明天早上出发，花十天时间到达阜宁县，价钱二十七元半。其时，刘、张等来，我告诉他们明天启程，给了他们几枚本邦的五十钱银币。他们以诗相赠，还要求我们赠诗和本邦的文字。于是，町田氏作三十一字和歌一首，我作汉诗一首相赠，两位非常喜悦。六点，吃过晚饭后，收拾行李，告别旅店而上船。刘、张及店主人等来惜别，到船上以鸡蛋、茶叶等为我们饯行，谈话之间，船主催发，相互以期再会而别。此辈真是清国人中奇特人物，有一见如故之友情。我辈也深深为之惜别。

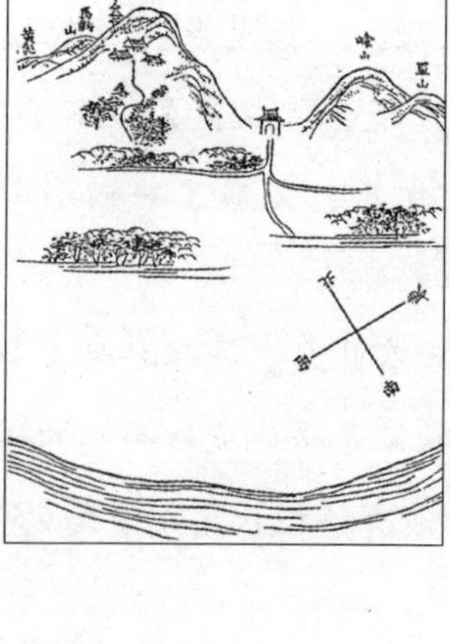

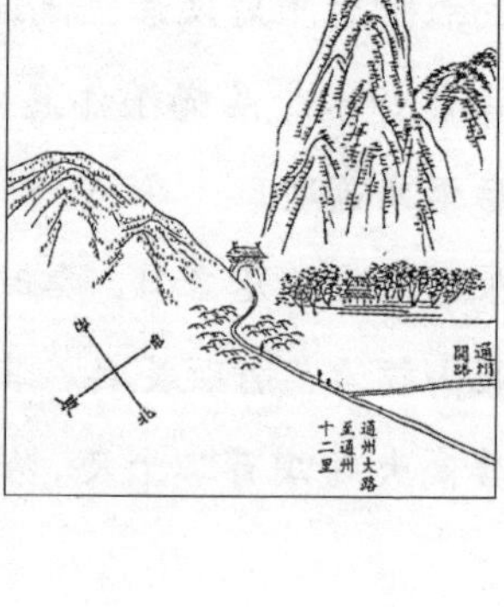

从通州到如皋县

四月十五日，星期六。从通州到如皋县。

拂晓五点起锚，航向西北。弦月已淡，醒鸦方噪。八点来到一村，名叫小三十里。左边堆积着很多材木，据说都是从苏州或汉口运来的。过了此地，来到一村，名叫大三十里，左右矮屋相连百余米。其时，与兵卒的乘船相遇，问其所往，说是来自如皋，而往通州。既而町田氏上陆，过了几个小时回来笑着说："自昨日我打扮成有辫发之人，就没有人认出我来，不得不说此法得宜。"前行数里，经过一村，名叫五十里铺。十二点抵达白蒲镇。两岸材木堆积如山，据说都是从苏州运来的。人家有六七百户。两点过林梓镇，人家有八九十户。右边有抽厘局，一个官差出来，要检查我船中的东西，我们告诉他说我等不是商船，是外国人，于是那人没检查就走了。前行数百米，右边有一条河，想必此河与东海相通。三点过丁堰镇，人家也有八九十户。其时南风满帆，舟行更快。这一带河中有一群群饲养的家鸭，据说养这些鸭生蛋，鸭蛋售于市中。四点，天阴欲雨，太阳隐没。经过一个名叫敦镇的小村，人家大约有六七十户，再前行数里，站立船头可以隐约遥望如皋县城墙于暮云之际。七点到达该城南城墙之下，此时天已黑，人影难辨。沿着城墙曲折而行，河道狭小，而来往船只很多，颇为杂沓。既而在离北门数百米的下流抛锚停泊。与町田氏一起上岸，在城中随意徜徉，八点后回返船上。

该城稍呈圆形，周长一千四百多米，造法与通州相仿而规模小，不见层楼，城内街道狭窄，房屋低矮，没有繁荣景象。估计城内外人家一共不过一千户。

该县属扬州府通州管辖，位于州城西方四十里。解司银二万六千九百二十三两，米三千五百九十八石，杂税银二千二百九十三两，谷二万石，养廉银二千两。汉代称广陵，至晋始改称如皋。此日行程一百三十里。河道弯弯曲曲，宽处三十来米，窄处七米左右，浅处大约三尺余，深处过丈余。两岸耕地肥沃，豆麦长势旺盛。远近人户零星散布，到处有柏树，偶有竹林。终日冷暖得宜，极为快适。

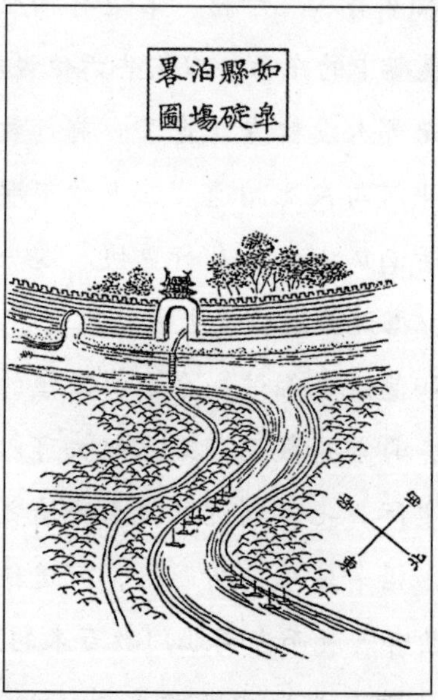

从如皋县到唐湾镇

四月十六日，星期日。从如皋县到唐湾镇。

拂晓五点出发，烟雨蒙蒙，疏钟声微。舟子二人上陆拉纤，前行里余，已不见人家，处处唯见坟墓和柏树。前行经过几个小村落，其时看到两三小童爬上桑树采摘新芽，而想起往时养蚕之苦。桑树似乎不是每年修剪，其高过丈余。八点来到名为立发桥的一村，有六七十户人家，左边停着一艘小炮艇，炮艇的前部备有三门小炮，已带铁锈，炮口八十“目”左右，炮船的后部横着三支铁锈的枪。十点经过海安镇，大约有二百来户人家。此时东风稍强，微雨全止，舟子停止拉纤，扬帆而行，船行甚快。两岸是绿油油的麦田，间有茅屋。其时，遇见了“大会”的行列，走在最前头的人戴着二尺余的蜡制面具，接着有数人敲锣打鼓，后面有数人抬着一辆车舆，车舆上安放着一尊小佛像，再后面的十余人手里拿着各色旗帜，一边走一边高声呼叫。所谓“大会”，就像本邦祭礼时的“山车”，如天津城隍庙的大会真能让初见者大惊发笑。既而经过明清江、曲塘等小村，一点后来到一个名叫大白米的小村，其时看到右边有一个署衙，竖着的旗上写着“抽厘助饷”四个字。从此地前行数里，经过一村，名叫马戈村。右岸无树，亦无人家，耕地漠漠，绿色接天。左方是一条长堤，长堤上柳绿桃红，间有茅屋点点。三点抵达姜堰镇，舟子停楫不前。问其故，回答说盘费已尽，不得买米买菜，请先付六元，如若不付，则不能前行，于是先付了二元，让他们继续前行。其狡猾虽然可恶，然此也是舟子之风习，不足深忧。该镇人口一百七十余。前行数百米，河宽水深，河道笔直，其平宛如镜面，顺风满帆，舟疾如箭。此时看到左岸有两头水牛在吃草，其色雪白，似乎涂抹了白粉一般。自从申江出发以来，我等几乎没见过马，只有见过几头水牛而已。又有装着石炭的船经过，问他们石炭是何等价格，从何处买来，回答说每吨七两三钱，从上海买来。七点，天已晚，柳摇风冷。七点半入唐湾镇投宿。人家有二百余户。

此日行程一百五十里。水路极为曲折，航向西北。河宽处不过三十米，窄处在十米左右，深浅在十二尺至六尺之间，想来五马力以下的小蒸汽船可以自由来往。左岸有一条柳堤，人家稀疏而不绝，右岸人家鳞次栉比，没有人家的地方多为肥沃的耕地，麦苗绿油油，随风鼓浪。午前烟雨霏霏，午后风动雨歇，薄暮略觉微寒。

（录自《北中国纪行·清国漫游志》，
中华书局2007年1月版）

张謇有大功于民国

辛亥革命期间在南北议和中担任北方代表之冯耿光忆云，袁世凯虽派出唐绍仪为总代表，唐抵沪后则最为倚重曾任张之洞幕僚之赵凤昌。冯问唐何以如此重赵，唐答"真正能代表南方意见，能当事决断的，倒是这个赵老头子"，且唐还提及赵"尤其为张季老（张謇）所尊重，张赵交亦笃厚""张每自南通来沪，必住赵家"。赵凤昌之子赵尊岳回忆记张謇事云："武昌事发，适在汉口，星夜归来，馆惜阴堂（即上海赵凤昌宅），商定大计，务主不扰民，少杀伤，冀以潜移默运之力，肇造新邦，少纾浩劫。一时经世文字，多出其手，各省联合会，亦奉之为祭酒。""和议之际，唐绍仪伍廷芳两代表，日往折冲，议已垂定，退位诏久不下。或曰，一代禅位，亦当得大手笔为之，遂为拟作，电之京师，及诏下，大半均采用之，其原稿犹在人间也。"冯赵所忆张謇于民国创建时期之伟绩则当不谬也。世传清逊位诏书出张謇之手，赵尊岳文言之凿凿。

若朴堂主人有诗云：

状元翰墨自无疑，逊帝辞国定大棋。
不令中原兴战火，安邦一纸是传奇。

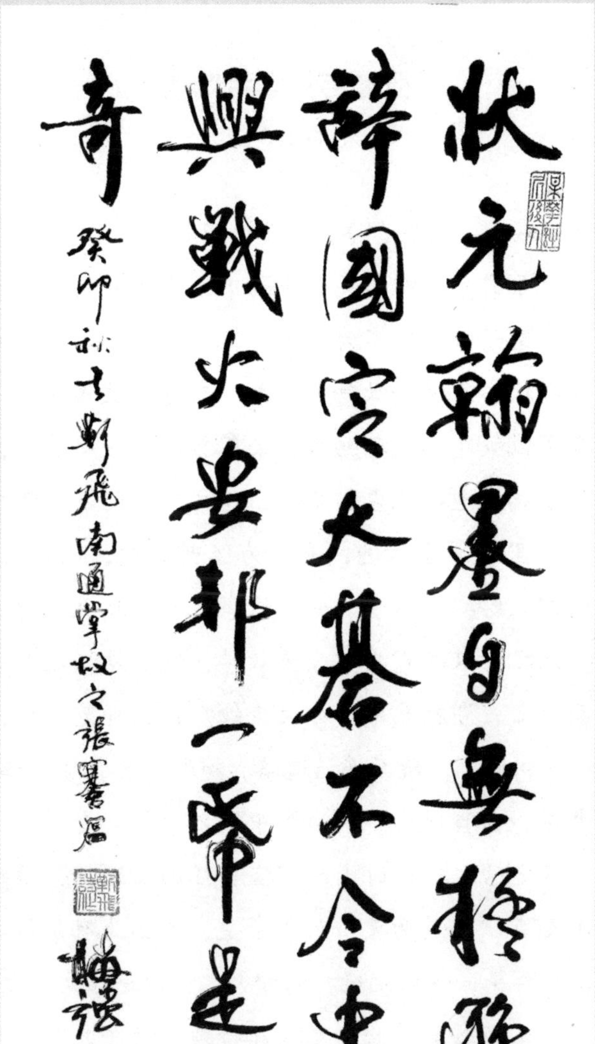

状元翰墨自无疑，逊帝辞国定大棋。
不令中原兴战火，安邦一纸是传奇。

范梅强书靳飞诗作

附：

张謇与张孝若

赵尊岳

张謇字季直，别字啬庵，江苏海门长（常）乐镇人，著籍南通，优于文学。初居吴长庆幕中，渐随赴高丽，时袁世凯方以世家子投效，不为时重，辄往请益。其时文名籍甚，往应殿试，主者必欲物色得之。武进刘葆桢窥得中朝属意，即于试策中略及朝鲜事，果获售，刘固雄于文，知者谓亦善于揣摩也。既占榜首，出翁文恭公门下。鲜事既败，归处乡里，薄于仕进，有意为经世之学，研讨农商、水利、植棉、纺织、冶金、熬波诸事，无不精至。棉铁立国之说，比之于汉桓宽焉。又重教学，慨于帖括之无裨政事，鄙而汰之，即就邑中举办大生纱厂，立师范学校，酌其所盈，以供修脯。旋而潢治道路，建制楼舍，字孤恤老，设南通大学，与日俱进。南通为中国之模范县者，实惟只手之力，经之营之。维时山阳丁宝桢任山西巡抚，推挹备至，函中至有"与其为无价值之帝皇，不如为有价值之商人"语，謇拜函，惶悚无地，随即火之，以逃于文字之狱。货殖繁冗，文人每非所长。謇握算持筹，思绪井井，顾仍不废艺事，日以吟课临池为乐，朋好酬唱无虚夕，亦辄往返沪宁，主持江苏省教育会事。立宪议起，即与先公及闽县郑孝胥、武进孟森、崇明王清穆、山阴汤寿潜设预备立宪公会。又任江苏省议会长。辛亥春仲，连名十人上书监国摄政王，规以勤政，毋任亲贵。书置不报，识者谓清社殆不禄矣。八月十九日，武昌事发，适在汉口，星夜归来，馆惜阴堂，商定大计，务主不扰民，少杀伤，冀以潜移默运之力，肇造新邦，少纾浩劫。一时经世文字，多出其手，各省联合会，亦奉之为祭酒。市廛失色相告，殿撰公亦右新政，言共和，谨厚者为此，国人宜知所从违。民意向背，于此征之。和议之际，唐绍仪、伍廷芳两代表，日往折冲，议已垂定，退位诏久不下。或曰，一代禅让，亦当得大手笔为之，遂为拟作，电之京师，及诏下，大半均采用之，其原稿犹在人间也。世凯既任总统，往就农商部长，少行其志，劝工治商，多所擘画，又规画水利局，为开辟新运河之议。袁旋谋称帝，屡为箴规，不能听，拂袖归去。特与黎元洪、徐世昌、李经羲崇为“嵩山四友”，制定规章，赞拜不名，笺启以字，勿称臣，比于汉之“商山四皓”，为革除中之珍闻。此后南北干戈之际，亦时多献替，而卒不能尽其效。及既归里，益发奋治垦务，先是通海有垦牧公司，辟地百里，舍盐治垦，手订条款，以付之江知源，秉命受成，所获至丰，尤而效之。于淮南设公司植棉，及杂粮，赖以举火者，数十万家。盖淮北治盐，淮南改垦之利，实促其成，亦亲见其利。余尝往居旬日，遍揽敷绩之盛，江海之胜，沃野千家，炊烟万灶，乃不能不服其见卓而行毅，化斥卤蜃楼之地，为桑麻弦诵之乡也。固以垦事日繁，需资日广，力或不任，则不免于支绌，忧心如捣，复为招致银行团往参观，群许其成效，因有盐垦债券之发行，赖以支柱。凡与其事者，向与共甘苦，晨兴啜粥，晚治麦饭，经国朝野之事，南通庶几备之，益出余绪。经营兴筑，平治途道，或问其计政，以至家储，则曰："吾初无私蓄，亦不治生产，大生会计，为余料量所需，即有红利酬给，亦入公项，为建置之需，其不足者，即由大生付之。吾以南通人，营南通事，初不为之强分公私，苟有不敷，吾子若孙，当代偿其责。"语悖于法，而切于事，因兹人亦多谅之。其时江南俶扰，咸欲得一言为重，方面干城，时时赴通问大政，孙传芳、徐树铮均往游观，辄置杯酌迓之。又出任吴淞商埠督办，交通银行总经理，亲勘海塘，规划淞镇，惟期促未遑有所建树。为謇治文牍者，最赏余乡人沈同芳、孟昭常、刘桓、孟森诸君。沈早下世，孟氏昆季，辄为视草，文彩斐然。刘尝为农商部次长，渐隐于货殖，不复仕进。又川沙黄炎培、苏州沈恩孚，胥负众望，时治教学，为当世所推重，咸与共患难文字之交。其乡人管石丞工书，与有神似，便为捉笔，其题名草书謇字，或类宝宝，公文画押，随手挥就，人或戏以宝宝称之，比于王克敏之草押，似老妓二字云。所居先营数椽，近城濠，即曰"濠南别业"，风亭月榭，陈旧有儒雅气。渐拓地治园囿，别筑闳厦，则舍宅为博物馆。尝为子孝若行冠礼昏礼于闳厦中，一时传为盛事。博物馆多出私储以供之，殿试应卷，嵩山志胜，文献之征，历历在目。又以素重艺事，故绣绘雕刻之属弥夥。余沈寿女士，吴人，工刺绣，其所作意大利皇后像，为海国所推奖，尝延之授绣，亦多精品，张之壁间。南通濒江建邑，山水襟带，饶有狼山诸胜，骆宾王所曾至。謇壮年尝谒观音殿，始举孝若，以得神贶，颇事虔礼。因广其寺，复营观音院其间，遍征海内观音像五百帧，为镇院之宝。祥云馥郁，香气氤氲，花雨诸天，华严弹指，因以为狼山公园。部置幽茜，略似温州之资福、积谷二山焉。方七十寿时，与兄謇设大脯于城园，称觞者云集，謇亦自为题咏以寄兴。又约故旧，婆娑为乐，远比于洛阳耆老之盛会。謇固好乐艺，方宦京师时，新会梁启超、番禺罗惇曧邀观梅兰芳爨演，弥致剧赏，赋诗游扬之。复为工书折箑，自谓应朝考以来，未尝作工楷如此精整。日下传闻，以为韵事。南通固有剧场，延欧阳予倩主其事。欧阳世家子，治新学，兼通剧艺，受任之始，颇图振奋，亦感于伶官积习之深，未易遽改，经年辞去。维时兰芳南来，专舟往演，因建“梅欧阁”以志其盛。盖掇宋人语以名之，唱和一集，传遍海宇。从学者李斐叔，赏其好学，携之上海，属执贽兰芳门下，即在交通银行张筵行礼，随梅北行，既又同游欧美。李性简傲，时与人忤，独忠事师门无间言。《缀玉轩笔札》，多出其手，清丽可诵，盖沐教益者至殷。謇书师宗元，结构略似刘石庵，雄健过之。又善十七帖，其为先公书则曰：“君师眉山，余特效颦以取悦耳。”治文学有法度，不尚风华，自然流丽，独不好词。余方受词学，偶加督过，谓“词多郑卫，词人何补”，余笑而存之，以比于晏临淄之门下老吏，虽不能用，亦感其诚。生平裘马饮馔，一切华治，往往自称农家子。虽进居机要，退比宏景，初未尝以丝毫富贵骄人，人亦乐为之用。子孝若，爱之至笃，时见歌咏。宣统元年甫十二岁，即携之观南京南洋劝业会，迂道海上，栖息惜阴堂，谓与余同岁，当缔奕叶之交。归即赋五古一章见贻，余亦有和章，则两为改定之，自此两家世好，音问勿替。先公复为介杨恩湛、郑铁如，授以用世之学，渐从一澳大利人南行，将赴澳学畜植。其人佥壬，馆于斐利滨，絜然远去，遂复返，别随郑铁如至美利坚习商事。先后远游，均有述作，《斐利滨游记》及《仕学集》，为世传诵。归来执业上海银行，渐为考察实业专使，赴欧洲一行，调任智利公使，未遑就任，又任淮海银行董事长，以至盐垦、教育、水利诸端，均秉严命，善为经纪。孝若天分卓越，文彩清丽，酬酢世务，施设允当，不必尽名父之传，已足惊世而震俗。自謇谢宾客，屏居海上，董治政书数十卷，为《张季子九录》，又自编年谱行于世。胡适以子为父传，详尽亲挚，深爱其书，为长序以美之。世变未已，海桑易代，盐垦之盛，少减曩昔。孝若知人善任，心力凋瘁，幸能支撑其间，不坠先业，而阅世益深，芳爱尽敛，日趋沉着，举国誉为令子。视余之浮沉江海，抱持先集，数载未及杀青者，相视诚不可以道里计。方居上海时，辄共晨夕，亦少少从事于棉垦诸业。追溯总角之乐，趋庭之娱，倏已天上，为之凄恻，把手泫然。忽一日，老仆以细故行凶，深宵入就卧室杀之，而复自杀于户外，知好震悼，乃莫察其致祸之由，诚前劫已。

（据《古今半月刊》1943年第20、21期）

冒辟疆三百岁生日

清宣统三年三月十五日，冒鹤亭、林琴南于北京广渠门夕照寺，为冒辟疆作诞辰三百年之会。冒鹤亭者，名广生，字鹤亭，以字行，号疚斋，如皋冒氏后裔而生于广州；十八岁返如皋应童子试，叶衍兰《小三吾亭词序》赞云，“识者咸知其有异禀，稍长应童子试，县府道皆冠其军”，光绪二十年，时年二十二岁中举，“名大噪”。鹤亭曾于戊戌变法中参加保国会，梁启超称其“英姿飒爽，气咄咄若朝日”。后参加清廷经济特科，因于试卷中用法国思想家卢梭之名而被黜。其遂离京至苏州、扬州等地，佐阅童生试卷，在扬所取第一名者，即后任北京大学教授之刘师培。光绪庚子后返京，任职刑部郎中，复兼五城学堂教习，其时与林琴南同拜吴汝纶为师。

冒鹤亭与冒辟疆生日相同，每自诩为辟疆后身，其为辟疆作三百岁寿际，正清亡之前夕也，当日冒林等又怀及“戊戌六君子”之殉难，彼此临觞叹息，惨默无言。林琴南有《夕照寺为冒巢民先生作生日记》文，并作画一幅，记录其事。

若朴堂主人诗云：

三百年后叹兴亡，后代原非忆辟疆。

眼底汹汹风欲坠，夕阳夕照为康梁。

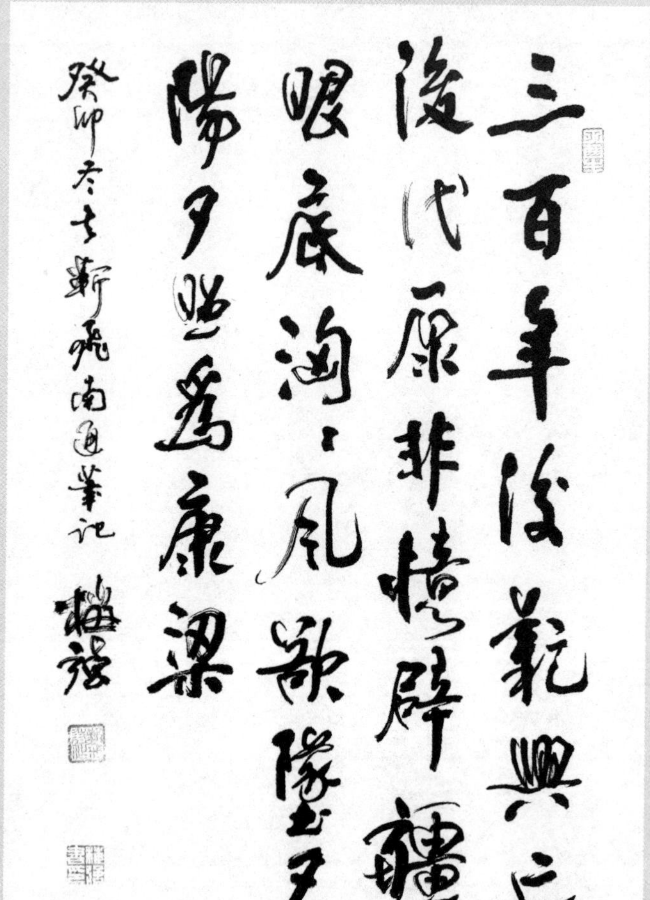

三百年后叹兴亡，后代原非忆辟疆。
眼底汹汹风欲坠，夕阳夕照为康梁。

范梅强书靳飞诗作

附：

夕照寺为冒巢民先生作生日记

林琴南

夕照寺莫详所始，在广渠门内，径道至荒陋，车行如入深谷。辛亥三月十五日如皋冒鹤亭于寺中集同人，为巢民先生作生日。鹤亭淹博能诗，于巢民先生虽断缣零素，必拾而藏之。鸣呼，先生于万历辛亥三月生，去今辛亥三月三百余年矣，以壬午副贡，累膺征辟咸无就。余亦以壬午领乡荐，是先生三百余年之后辈，而今日复值辛亥三月为先生祝，匪惟科名同，即所遭之遇几同矣。晚明之季，朝政析如乱丝，讫于熹宗而明亡。今日虽无厂珰之祸，然贵要沮兵而行赇天下，罢癃如沉瘵人心思乱者，众几然一不之悟。余安能不瞿然而怀先生耶。当熹宗季年先生结社金陵抗逆案也，今我辈雅集于此，与六君子之难，裔殊独鹤亭者为先生裔孙耳，余非不病之呻而有集霰之惧，临觞太息，惨默无言，则勉为之解曰：昔者如皋中元先生必于定惠寺集同人，为阳羡君（陈维崧）设斋资冥福。今日之集殆踵先生之礼阳羡乎？鹤亭以诗倡，众皆属和，余为制图。是年秋武昌事起，余移家析津，事定而鹤亭亦以衣食奔走四方，未审所制图存焉否邪。鸣呼，先生与余同壬午耳，敢不惕然步先生之后闭户终其余年。惟恨不至江南向水绘庵遗址，临风一吊先生也。

若朴堂主人按：文中之明熹宗处，均应指崇祯帝，不审何以误作熹宗。

林琴南为米商作墓志铭

近世两名家严复林纾曾为通州米商费鉴清分作传及墓志铭。费鉴清，名启丰，字鉴清，南通平潮镇人。林纾琴南文收入《畏庐文集》，言其系应费鉴清之子师洪所请，然其与师洪亦未有素也，心感其孝耳。林文记鉴清事迹，鉴清中年窘于家累而贩米江淮，岁歉则廉其值售之，受惠者颇众。又有疏属族人欲售旧宅，鉴清曰："百年歌哭之所，恶可弃也"，竟筹资购为祠堂，春秋躬率子弟肃拜。琴南赞其"奉亲律己，利物和众，有宿儒所莫逮者"。费师洪者，字知生，曾师事南通才子徐益修，编注有常州恽敬文集，列入商务印书馆之万有文库。师洪亦尤重宗族，民国十五年编印《南通费氏家传》，记其远祖于明成化年间自江西铅山徙南通州，其家传序中论云，"人苟各率其族，族苟各约其人，使无背畔其本而归于至善，则由是推之一市乡而一县，一县而一省，一省而一国，执至简以驭至繁，执至易以驭至难。人人亲其亲，长其长，而天下平。此非所谓言有大而非夸者耶"。费论盖去彼时流行之新文化远矣。林琴南所作墓志铭之有误者，费氏居在平潮镇，林氏错为平湖也。

若朴堂主人诗云：

通州未许废常伦，费氏宗族代代淳。
可笑琴南挥巨笔，何曾知事更知人。

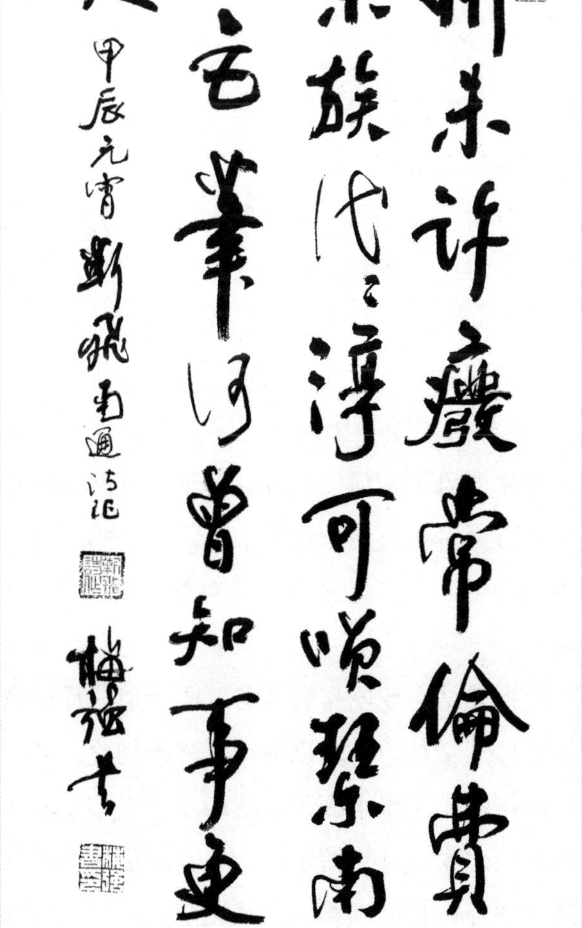

通州未许废常伦，费氏宗族代代淳。
可笑琴南挥巨笔，何曾知事更知人。

范梅强书靳飞诗作

张謇之重用欧阳予倩

癸卯仲秋，南通市戏剧家协会主席李中慧女史邀余往观更俗剧场及伶工学社，眇眇百年之思，言不能明。其创建者张謇，字季直，号啬翁，清咸丰三年生于海门常乐镇，光绪二十年恩科状元，二十三年辞官归乡，其云“愿为小民尽稍有知见之心，不愿厕贵人受不值计较之气；愿成一分一毫有用之事，不愿居八命九命可耻之官，此謇之素志也”。此举实中国千年科举史罕有之豪举。越八年科举制废，士生惶恐不知何以自存，则謇公已然实践实业救国，服务地方之崭新道路，正孟子所云，“先立乎其大者，则小者弗能奇也”，实业之创固多艰难，謇公终成伟业，再为楷模。

张謇之折节结交戏剧家梅兰芳欧阳予倩，斥巨资兴建更俗剧场及伶工学社，不可以其个人兴趣视之。其识梅早于欧阳，而用欧阳又早于梅氏。欧阳予倩光绪十五年生于湖南浏阳官宦之家，赴日留学近十年，深谙日本近代戏剧改良且亲身参与，为中国第一代话剧演员。归国后复学京剧，民国五年始为正式演员，仍兼演话剧，京剧以“红楼”剧目享誉沪汉。张謇先是属意欧阳戏剧改良言行，延请其于民国六年来通演出，语欧阳云，“戏曲不仅繁荣实业，抑且补助教育之不足”，亦即张謇之美育教育理念也，而以欧阳“文理事理皆已有得，意度识解亦不凡俗，可任此事”。欧阳亦破釜沉舟，于民国八年举家迁居南通。伶工学社之创建宗旨，一曰为社会效力之艺术团体，不是私家歌童养习所，二曰造就改革戏剧的演员。张謇又延请梅兰芳至通，建梅欧阁以张之。彼时梅已为海内外巨星，岂欧阳所能比肩，是为张謇明为捧梅，实则抬高欧阳之声望也。至于“北梅南欧”之说，尤为无稽之谈。然张謇亲撰之联极妙，联云，“南派北派会通处，宛陵庐陵今古人”，宛陵为宋诗人梅尧臣，庐陵即欧阳修，用典贴切自然，果然状元公手笔。惜欧阳仅居三载，未能竟其事。共和国初建，用欧阳予倩为中央戏剧学院首任院长，今日影视界莫不以中戏为尊，伶工学社则为其前世矣；欧阳代表剧目《桃花扇》亦于南通时期创编，果其后来桃李满天下，足证张謇有识人之明。

若朴堂主人有诗赞云：

并号梅欧是创新，状元妙对假作真。

早料桃花能大盛，如今果是满园春。

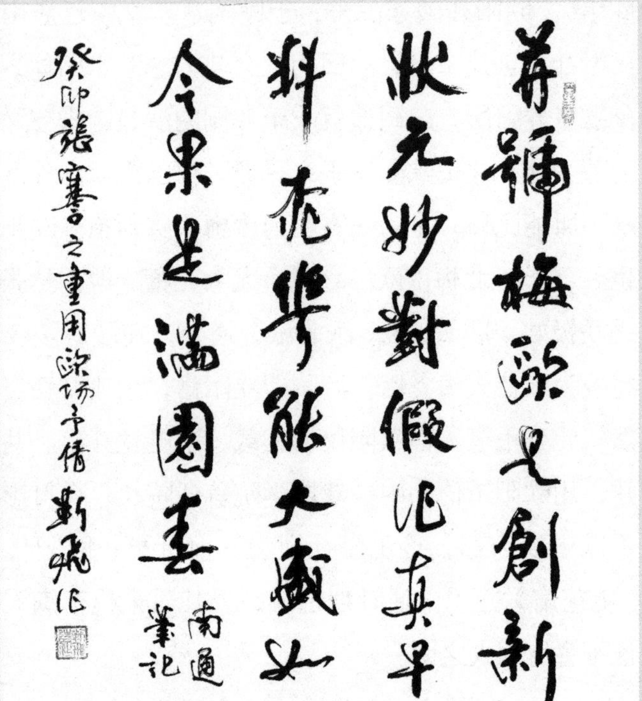

范梅强书靳飞诗作

并号梅欧是创新，状元妙对假作真。
早料桃花能大盛，如今果是满园春。

附：

赠欧阳生

张謇

文履轻裾桓叔夏，买舟便肯渡江来。
料应淝水麾军辈，远谢清溪弄笛才。

说梦红楼犹出楔，闻歌白发为停杯。
浏阳名士吾差识，谕子于诗当别裁。

送予倩率伶生之汉口

张謇

共君说乐梦钧天，岁有新声被管弦。
一队儿郎教得隽，也应腾踔李龟年。

暑江正涨君游汉，君约东回定过秋。
最惜洞庭张乐地，君山愁黛看横流。

欧阳予倩记袁寒云在通演剧事

欧阳予倩《自我演戏以来》中有《在南通住了三年》，其中记民国四公子之首席、袁世凯之第二子袁克文即袁寒云曾在南通更俗剧场演出三日，欧阳与之合演昆剧《小宴惊变》《游园惊梦》，袁又在通向名丑克秀山学习，演出丑角戏《三字经》。

欧阳予倩云，“他演戏最困难的就是鸦片烟瘾老过不足，剧场的时间不是似请客一样可以随意迟到的，可是他尽管催请五六次还不会下楼。(查)天影带着管事的坐在他楼下恭候，时时问他的跟随：二爷怎么了？那跟随的回答是：二爷刚起呢！二爷正在擦脸呢。喝着茶呢。抽烟呢。一会儿看见他自己带的厨子端菜上楼以为有希望了，谁知一吃完饭又要二十几口(烟)起码。剧场的时间已经紧迫了。我们都化好妆等着他，大家惶惶然看看戏要脱节了，不得已破从来未有之例加演一出不相干的戏。(中略)薛秉初先生当他是太子登岸，上戏馆，都派有几条枪排队跟随，使太子之威仪保持无替，这也是可纪念的一事”。

若朴堂主人诗云：

居然演剧带钢枪，皇子威风也正常。

洪宪寒云都是戏，才高八斗病清狂。

范梅强书靳飞诗作

居然演剧带钢枪，皇子威风也正常。
洪宪寒云都是戏，才高八斗病清狂。

袁克文为余觉书题诗

袁克文《丙寅日记》四月十六日记有："吴县余冰人，针神沈寿之夫也，悲妇为奸徒所夺，撰《痛史》纪之，见寄一册，漫题曰：'绝代针神余沈寿，弥天冤苦吁无门。可怜一卷孤鹈语，尽是啼残血泪痕。'冰人自号鹳口孤鹈。"余冰人即沈寿夫余觉，于沈寿殁后著《痛史》，记张謇夺妻之恨。袁克文虽为张謇之世交晚辈，且此际张謇尚在人世，仍以"奸徒"称之。张謇沈寿之公案，实非局外人所能道也，袁克文诗不可不谓之多事。

张謇诗赠谭富英

民国十二年六月，年方十八岁之谭富英至南通演剧。富英为“伶界大王”谭鑫培之孙，后亦跻身“四大须生”之列，子元寿、孙孝曾及重孙正岩克绍箕裘，皆有成就。今正岩复生子霖泽，又可期许也。富英幼入富连成科班，唐伯弢《富连成三十年史》谓少年富英云，“音韵纯正，腔调自如。念白唱作纯摹乃祖，颇得个中三昧。且聪明喜用功，故能戏极多，尤以谭派各戏最受欢迎，每演《定军山》《阳平关》《珠帘寨》《卖马》《打渔杀家》《失街亭》《碰碑》《击鼓骂曹》《洪羊洞》《四郎探母》《桑园寄子》等剧，颇有乃祖之风味”。

时已七旬之张謇观谭富英剧，忆及昔在京师梦影前尘，慨然记云：“清咸同间，京师擅声剧艺者，前惟程长庚、余三胜，后为梅巧玲、余紫云、徐小湘（香）、谭鑫培数人而已。光绪已卯，两江总督沈文肃（沈葆桢）公卒官，城南士大夫至，为语云：今年中外失两要人，一沈幼丹（沈葆桢），一程长庚。其见重于时如此。谭（鑫培）学于程之高弟也，光绪中叶，惟谭独存。辛亥后，巧玲孙（梅）

兰芳，殚精艺术，独出冠时，名誉溢流海外，骎骎拂谭之马首矣。谭年几七十，犹时时出游，袍笏登场，神采四映。每观其演艺，叹其壮，未尝不怜其遇也。丁巳病卒，嗣响无人。其孙富英，顷来南中，仍世先业，评论者谓其奄有祖风，来通，观之不谬。夫鼎门名阙，颓落不竞者，不胜数矣，梅谭顾皆有孙耶？昌黎（韩愈）所谓称其家儿者，良不易也。为与二绝以鼓舞之。人必能自树立，乃能有其祖父，谭郎勖哉！”

张謇题诗两首，其一云，“伶官长老数梅谭，梅有孙枝突过蓝。难得谭郎初出手，一声雏凤满江南”。此首写实，无他也。其二云，“长庚名与重臣传，我到京师后一年。眼底谭家又三世，剩谁头白话开天”。重臣者，即指两江总督沈葆桢。沈字幼丹，光绪五年已卯殁，谥文肃。程长庚逝与沈同年。次年清流中坚黄体芳任江苏学政，于张謇极力提携。张謇云“我到京师后一年”，当指得黄体芳力赴京，后得参加顺天府试。诗中之“一年”，或张謇记忆略误也，待考。“眼底谭家又三世”，则谓张謇历经程长庚与谭门三代，垂垂老矣，其心境如其诗序之“夫鼎门名阙，颓落不竞者，不胜数矣，梅谭顾皆有孙耶”。“剩谁头白话开天”，兴长叹也，其一生交游多凋落矣。张謇之于京剧，独与梅兰芳、谭富英晤谈，触及往事，所语并诗非仅因剧耳。

张謇另有《属富英复演〈空城计〉赋赠》一首，诗云："未容胜负定安危，一局街亭黑白棋。付与谭家成绝唱，耳中有祖有孙儿。"其情亦同前二首也。

若朴堂主人诗云：

老眼听歌忆正酣，孙儿龙凤姓梅谭。
燕京门第兴亡尽，剩落江南泪不堪。

老眼听歌忆正酣，孙儿龙凤姓梅谭。
燕京门第兴亡尽，剩落江南泪不堪。

范梅强书靳飞诗作

张謇为大仓喜八郎贺寿

我友日本前驻华大使宫本雄二先生知我作《南通笔记》，自日本寄来资料，为今存于大仓集古美术馆之张謇书法。其作为立轴，长二百零九厘米，宽八十厘米，所书为张謇诗，诗云："富民明治况天皇，菱井雄财辈大仓。美俗金婚谐米寿，通神西母勰东王。三山自给金丹药，万顷应求碧海桑。食枣安期今在否，题寻壶峤问员方。"大仓喜八郎为日本近代大财阀，一九一二年张謇曾以崇明纺织为担保，向大仓公司借款银二十五万两。一九二四年逢大仓八十八岁米寿及金婚纪念，张謇书此诗为贺，彼时梅兰芳曾率团东渡为大仓贺寿，此件或由梅氏携至亦未可知。

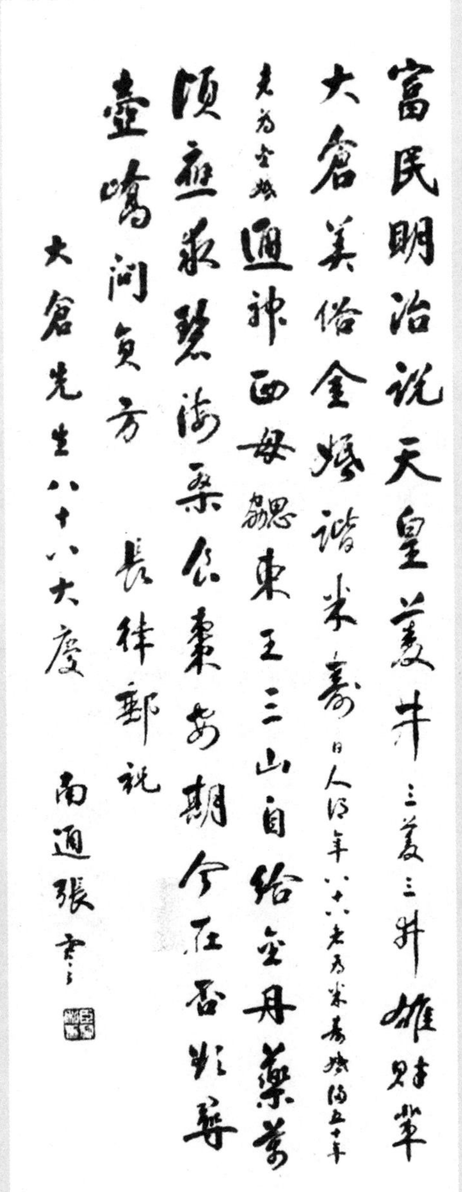

张謇赠大仓喜八郎诗作

颐生茵陈酒

予住南通年余，记昔啬翁张謇状元公念念不忘京师茵陈酒而创颐生酒厂，乃遍访友人索颐生酒而皆不得其味。甲辰清明，承南通文联张华主席邀至常乐镇颐生酒窖，张泉汇总经理亲为引导，得尝茵陈陈酿，京中不知此味凡一甲子矣。

若朴堂主人诗云：

问别京华第几春，颐生犹在酿茵陈。
当时本作寻常物，一遇凉薄分外珍。

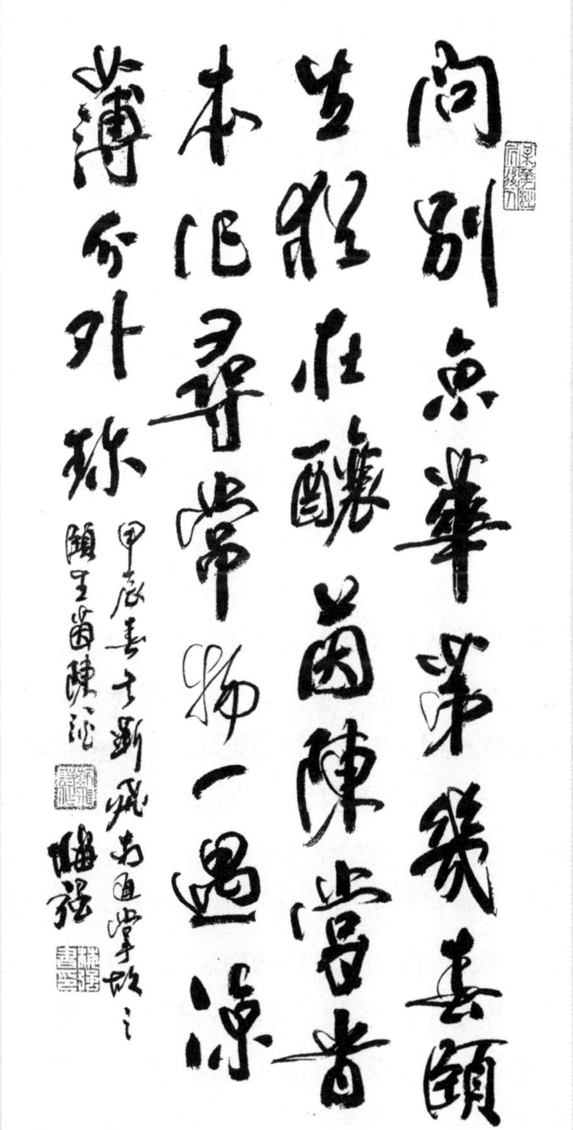

问别京华第几春，颐生犹在酿茵陈。
当时本作寻常物，一遇凉薄分外珍。

范梅强书靳飞诗作

如皋奇才李斐叔

欧阳予倩主持伶工学社，首批学员以甲班李斐叔最为著名。斐叔名金章，如皋马塘镇人，少年美丰姿，貌好如女子，入学后学昆剧京剧及话剧，勤勉读书，能诗词，工书善画，书从张謇，画师王个簃。张謇极爱斐叔其才，荐之拜师梅兰芳，函称“李生年十七，未娶，入伶社四年有奇，颇知克己，爱好读书向学”。民国十三年一月六日，张謇亲携斐叔乘大庆号轮赴沪，为之举行拜梅仪式。行前张謇赠诗三首，其二云：“故技休矜舞蔗竿，新知《剑器》有波澜。从来万物师无限，巾角书生妙五官。”蔗竿取意“老境须甜直到根”，剑器用杜甫“一舞《剑器》动四方”之典，末句化用王士禛《戏仿元遗山论诗绝句》之“巾角弹棋妙五官，搔头傅粉对邯郸”。斐叔师事梅兰芳后，兼任梅氏秘书，曾随梅赴日、美、苏演出，著有《梅兰芳游美日记》《梅兰芳游俄记》《梅边杂忆》等多种。梅氏晚年回忆叙及斐叔云：“他对戏剧一道，限于天赋上的种种条件的不够格，并不能有所深造。可是文学方面倒颇有成就。笔底下说得上是通畅流利，足够应用，替我办过好多年的文书，我倒也很得他的帮助的。”斐叔文笔生动活泼传神，余谓之在齐如山许姬传之上。然斐叔高冷简傲，心直口快，倜傥不羁，作文云有“三不写”，谓之兴会不至不写，皮夹不空不写，不近女色不写。其自释曰：“兴会至则下笔千言，倚马可待。皮夹空则妻孥嗷嗷，待米作炊，使你不忍不写，换钱易米也。近女色则周身如释重负，头脑格外清新，其功效实不减红豆灯边米麦花也。”张謇亦知斐叔性情，每为之虑，念念不忘，逝前一年犹致函梅兰芳托嘱云，“善视李生又厚遇之，弥见屋乌之爱”；后梅兰芳居香港期间，斐叔竟以贫病死于南京，年仅三十五岁。我友中国戏曲学院李小红教授不忍斐叔泉下寂寞，于斐叔之研究最为精详。

若朴堂主人有诗记云：

如花貌恨不羁才，误入梨园最可哀。

巾角书生牛角用，梅边李墨忍徘徊。

如花貌恨不羁才，误入梨园最可哀。
巾角书生牛角用，梅边李墨忍徘徊。

范梅强书靳飞诗作

又记：

李小红女史寄来大著，记梅兰芳弟子李斐叔事迹极详尽。斐叔出身南通伶工学社，最为张謇先生所重，惜限于天赋而于演剧未能发展，改任梅氏秘书，留有著述多种，后以贫病殁，年仅三十五岁。斐叔身后又八十春秋往矣，得小红女史为之作传，再题一绝。

也是梅郎误李郎，天生简傲擅文章。
红颜死后红颜传，记此伶工独凤凰。

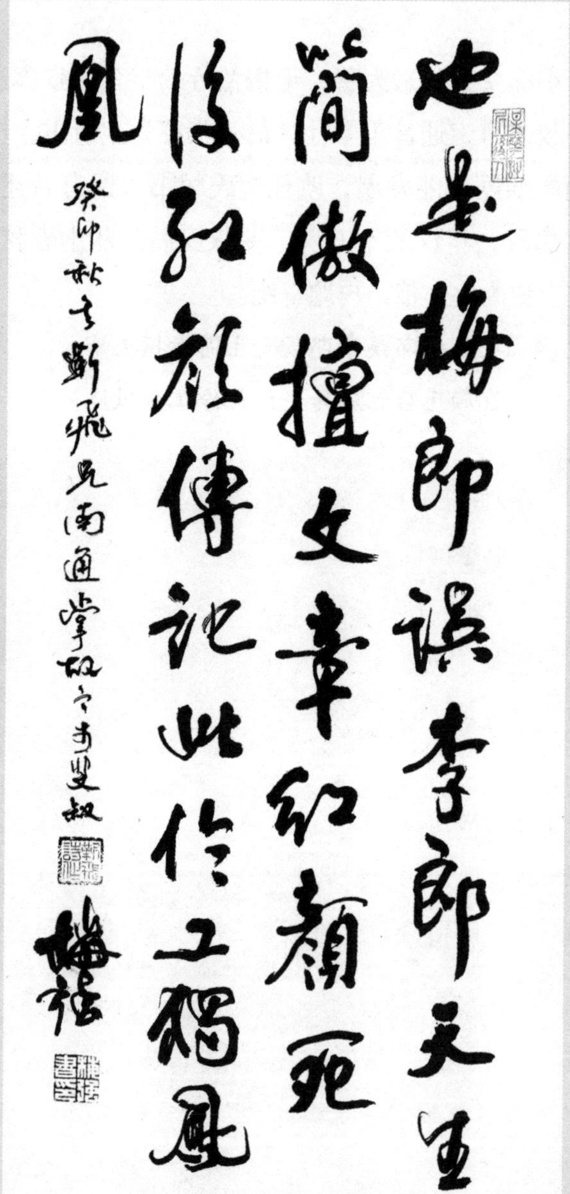

也是梅郎误李郎，天生简傲擅文章。
红颜死后红颜传，记此伶工独凤凰。

范梅强书靳飞诗作

附：

李斐叔生平简表

约1907年，生于如皋马塘镇西街，弟兄三人，行二，名金章。

1919年9月，入伶工学社首期甲班学习。

1920年8月，伶工学社新舍落成，于更俗剧场举办演艺会，李斐叔演出昆剧《小宴》《春香闹学》并参加“奏琴唱歌”。

1923年12月30日，张謇作《李生将至京师学于缀玉轩主，同人即中隐园设饯赋诗因以勖之》三首。

1924年1月6日，《张謇年谱长编》记，“偕刘焕、吴我尊、李金章乘‘大庆’轮往上海，参加淞沪港务会议”。

1924年1月10日，在上海交通银行举办拜师梅兰芳仪式。

1924年，随同梅兰芳赴日演出。

1930年，随同梅兰芳赴美演出。

1935年，随同梅兰芳赴苏演出。

1942年3月4日，病逝于南京，归葬原籍。

李生将至京师学于缀玉轩主，同人即中隐园设饯赋诗因以勖之（三首）

张謇

其一

离筵进酒为歌迟，酒外将寒欲雪时。

四海求生今得主，归来何以张吾时。

其二

故技休矜舞蔗竿，新知《剑器》有波澜。

从来万物师无限，巾角书生妙五官。

其三

梅花本是西邻种，肯费余芳乞李花。

说与退之如有录，编裙不在玉皇家。

李斐叔之心直口快

中国戏曲学院李小红女史作《李斐叔生平考论》诸文，录有斐叔之心直口快二事。一为斐叔文章曾记，“（梅兰芳）至友齐君，宴请一位要人，临时要他（梅）加入，他不愿去，电话中龃龉起来了。他把不愿去的理由说明之后，齐君犹哓哓不休，于是他发怒了，看他鼓起一股勇气说道，就是一只狗，如果把他赶急了，他还要跳墙呢。这句话，在他总算是疾言了”。斐叔直书此节，岂非开罪梅兰芳之至友齐君？李小红又引《新天津画报》文《姚玉芙被辱记，李斐叔当筵大骂》，文称“梅在津演剧，某大夫宴之于鹿鸣春饭庄。酒酣，梅之弟子李斐叔，借酒意大肆口舌，对（姚）玉芙戟指痛骂，谓其如何克扣包银，如何营私舞弊，梅先生一生心血所得，尚不及玉芙之多，可见其贪得无厌。众皆不安”。姚玉芙为梅氏一生之左膀右臂，交情极深，斐叔此举足见幼稚。昔者张謇致梅兰芳推荐函中有“（李）生尚未知行路难也”，是为深知斐叔者。

若朴堂主人有诗云：

倨傲从来自性情，江湖自古要逢迎。

无知李生偏直率，枉见梅郎笑满盈。

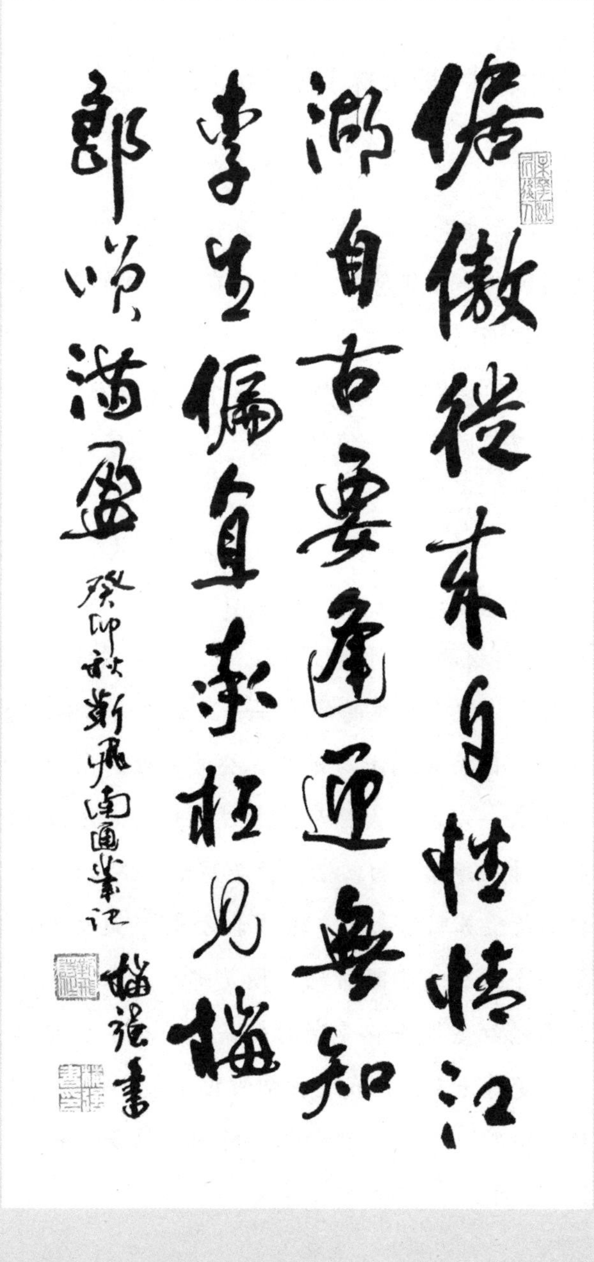

倨傲从来自性情，江湖自古要逢迎。
无知李生偏直率，枉见梅郎笑满盈。

范梅强书靳飞诗作

附：

史太林（斯大林）看过我们的戏么？

李斐叔

“史太林看过中国戏么？”这是我们（梅剧团团员）从苏联演戏回国，一直到今天，还遗留在脑海里的一个疑问。

苏联！这新兴而伟大的苏联！一言一行，委实太神秘了！要不是我们身历其境，那么，对于《俄京旅话》（蔡运辰著）所谓“禁网森罗，侦缉严密”这八个字，是决不会发生信心的。

关于政治上的“经清纬浊”，恕我是懦夫，没有这股勇气，也没有这种学识与资格，去任意雌黄。一向以“戏子”“伶工”自视的我（作者原注：我本是南通伶工学校的毕业生，又是梅浣华先生的矮足——高足的反比例），吃一行且说一行。姑将我们游历苏联，公演之余，所得关于秘密警察的印象，以及史太林毕竟看过我们的表演没有？这几种富有“神秘趣味”的回忆，拉杂写出来供给读者。

当我们所乘苏联派来的专轮“北方号”，到达海参崴的时候，第一个触进我们眼帘的，便是那荷戈木立，穿着类似长袍外套的红星斗士。气宇的轩昂，使我不自觉的于无形之中，也受着传染，把我的驼胸曲背，立时也挺直起来。

税吏的检验，是十分的和蔼与随便。这是我们特殊的优遇。（作者原注：往年游日游美，也都是如此。还有一位法国的艺术家，自北平经满洲里西比利亚回国，受着税吏苛刻的留难，后来在他的行囊中，找出一张梅兰芳送给他的相片，因而得立即放行。这位艺术家，在他的游记中，深为感叹“中国艺人”魔力之伟大！其文描写尽致，刻画入微，我与徐君将它译成中文，容当检出，公诸读者。）

苏联对于贵重物品的入境出境，限制是非常的严厉！还记得胡蝶女士，在登岸的时候，因为所携的钻石宝饰太丰富炫耀了，使那些胼手胝足的粗大汉，不免惊奇而发生周折。可是后来竟得安然无事，仍旧携着她的“吸人的霓虹灯”（作者原注：这是我替一般女人饰品所取的别称）扬长登岸而去。这是什么原故呢？原来这只聪慧的“粉蝶儿”，在她出国之先，早已料到这一层，在她那只首饰匣子之中，虽然装得满满的，却有十分之九都是“赝品”。

在且尼斯金Chelnskin旅馆的饭厅中，乐台上奏着那雄壮悲凉的《伏尔加船夫》曲，我们第一次尝到那“真正罗松大菜”的风味。这家旅馆的经理以至招待员，都能说很流利的山东话，尤其是那位专门派来招待我们的一个招待员，一口纯粹的北平话，要不是看他面部的种族特征，一定当他是位“京尤子”（作者原注：北平旗人善于辞令者，俗曰“京尤子”）。

在进膳时，我们有什么需要，便这位招待员作翻译。关于海参崴的风土人情，他也不厌其详的告诉我们。赶到饭罢，越谈越有精神！由选座旅馆的命名（作者原注：且尼斯金是只探险船的名字）而谈到北极探险，由探险而谈到西比利亚的森林，由森林而谈到集体农场与工业的发展，进而至于五年计划，又进而至于世界大势，由世界大势突然转过舵来谈到中国的问题，特别是中日的问题，历历如数家珍！滔滔如决江河！足足谈到十一点多钟。这才兴尽而散。想不到抵俄的第一个晚上，便上了“苏维埃的第一课”。团员郭君建英，他以为苏联的教育太发达了！一个普通的雇员，竟学识饱满到如此！但是我疑心，疑心他是国际警察局的一位秘密侦探，而且恐怕还是一位宣传员呢！于右任先生也曾说过：“俄人招待游客与新闻记者，皆其当中经专门训练之能者任之。”所以我们打定主意，把我们的自身，作为收音机，耳听可，口头评论则不可。

梅先生自到苏联赶到出境止，有苏联对外文化委员会的派员招待，在梅先生的汽车上，更派有一位“保镖大汉”，那人的身体魁梧，沉默寡言，他只会说他本国的语言，至于英语、德语、中国语，据他说一概不懂，读者！他真不会说外国语言吗？不！他非但能英、法、德各国语言，中国的官话沪语，也无一不能，无一不精呢！我们如何发现的呢？在梅先生离开莫斯科之先，因为他终日随从左右，保护周密，梅先生拟给以若干金钱，作为他精神的酬劳，他却拒绝不受！同时他却要求梅先生送给他签名的相片，以及关于中国戏剧的书籍，在这时，他所说的却是很流利的中国话，什么“谢谢！”“谢谢侬呀！”说来极是畅顺！梅先生大为惊异！问他："你到过中国吗？为什么说得一口很好的中国话呢？"他，这位神秘的保镖者的回答，却是"笑而不言"。

当我们在苏联的时候（一九三五年春），托派分子以及所谓"红萝葡"尚未完全肃清（作者原注：红萝葡外皮是红色，内里是白色，用以代表"白俄之表面服从苏维埃者"，这种人在西比利亚最多，都是放逐到那边去的，当我们列车经过西比利亚的时候，一到日薄崦嵫，车窗的绒幕，必须掩起来，以防袭击。但是在一去一来的过程中，还是未能免俗，受到两次砖石的光顾，险些将大琴师徐兰沅又光又亮的脑袋打出血来。自前年严厉清党之后，这种情形也许没有了），所以梅先生的车上，不能不有保镖，以免危及上宾。同时也许寓有监视之意，再探视探视外人对于社会主义的起初评论究竟如何？（作者原注：苏联深切了解"当面的评论"是虚伪成分居多，"背后的评论"才是真实的。）其实我们平时所得的印象（作者原注：以戏剧为主要），背后的评论，可议者十之一二，可誉者十之八九，所以对于他们所派侦探，不问如何的严密，自问总觉无疚于心。

我们全体团员，也有一位少女派来做向导。我们单独行动的时候，或者去购买对象因语言的隔膜而发生困难之时，常常在身旁人丛中，会走出一位善说中国话的俄国人来，他来替你当义务翻译，解除困难，他是谁呢？怎么遇得这样的巧呢？

有一次我在一家商店购物，一个女店员她指着我手上所御的金戒指，她操着纯粹的英语问我："这是什么？有什么用场？"我回答："这是我结婚的戒指，纪念我夫人的。"想不到她竟向我要求："请你立刻把他弃掉罢！"我很诧异地问她："为什么理由呢？"她说："男与女的爱情，是'自然的''纯洁的'，两情的结合，只要情意相投。有一方面认为不满，便可离婚，强居无益。在结婚之初，先要仗着这龌龊的黄金，作为两人爱情的联系，已经是不自然，不纯洁了！而且事先已存了破裂之象，所以我劝你把他弃掉！"我听完这小店员的言论，倒也觉得颇有见地。无奈我终未能割爱，把约指弃掉！并非我吝啬不舍这区区的黄金，因为这约指，并非纪念结婚的，乃是我平生第一个情人，自法国巴黎给我带来的纪念，她虽已罗敷有夫，我却见物如见其人，永远戴在指间，直到我写这篇文章的时候。

苏联的少女，既具有健美的体格，更富于真的热情。当梅先生在舞台上表演的时候，观众中的妇女，常常发出："梅兰芳！我爱你！"热烈的呼声！(作者原注：在美国也曾有过)尤其是在莫斯科国家剧院公演最后的一夕，剧毕，观众不肯离座，幕起幕落十余次，有一位少女在高呼："梅兰芳我爱你！"之后，怀抱鲜花一束，登台赠与梅氏，她是谁呢？她就是卸任不久苏联外交委员长李维诺夫氏的令爱。

我们在莫斯科表演完毕，再到列宁格勒公演，演毕于四月十二日晨，复返莫斯科，将由此登车回国，而苏联国家剧院Bolshoi Theatre的经理忽来要求：务必在国家剧院再作最后一次之公演，据说是因为政府一部分高级人员，要看一看中国戏的艺术。

我们自在莫斯科公演以来，时时刻刻注意到台下观众中，有没有一个浓眉毛大胡子（作者原注：史太林）其人？但是始终未被发现。英国的青年漂亮外交家艾登（作者原注：那时任掌玺大臣，适游俄京）以及英国的布景专家戈登克雷氏，还有李维诺夫氏，都曾光顾过。独有苏联政府几位要人，我们总猜不透，“到底来看过我们的中国戏没有”？

有这样一个最后的机会，我们全体团员，非常的兴奋！满以为可以瞻仰瞻仰苏联要人如史太林、莫洛托夫……的丰采了。我想这也是一种崇拜英雄的心理，是每个人都有的。

幕启了！在国家剧院最后的公演开始了！中苏的旗帜，分悬在舞台的两旁。

我们在台上表演的时候，一部分的心灵，注意到台下观众中“有没有一个浓眉大胡子其人”？只看见有两个包厢，闲空着，并不坐人，似乎在等待几位贵宾的降临。

不数分钟，那包厢中的灯光，突然黑暗了！而我们舞台面的反射光线，也特别比平时来得强烈！我们再看看台下，因为灯光的强弱关系，蓦然间好像放下了一层黑幕，什么也看不见了！再望望那两个包厢中，隐隐约约多了几个黑影而已！在这时，后台中忽添了几位不相识的大汉，两手插在衣袋中，聪敏的读者！我想你一定知道他是谁？

剧毕之后，才有一位后台职员告诉我们说："史太林刚才来看过戏了。"但是我们并未亲见其人，不敢确定说"史太林"一定看过我们的戏。所以我们（梅剧团团员），从苏联献演回国直到今天，在脑海里还遗留着这样的一个疑问："史太林看过我们的中国戏吗？"

（《申报》1939年6月29日第18版、6月30日第22版、7月1日第20版、7月2日第18版连载）

吉鸿昌挚友朱其文父子

我友朱育诚公曾任新华社香港分社副社长、北京市政协第九届委员会副主席，睿智博学，热情健谈，开朗明快。其曾对予云，其父朱其文公为如皋范湖州人，今属长江镇。其文公早年在京参加学生运动，一九三〇年加入中国共产党，受命任冯玉祥部特派员，与国民党二十二路军总指挥兼三十军军长吉鸿昌相交莫逆。吉氏于一九三二年加入中共，次年组建察哈尔民众抗日同盟军，年余后为蒋介石所捕杀。其文公得免于难，抗战胜利后任辽北省人民政府副主席，哈尔滨市长、沈阳市长；共和国后任国务院第一办公室副主任，驻保加利亚大使、驻越南大使，亦当属“将军大使”中之一人也。二十一世纪初，予任北京市政协港澳台侨及外事工作顾问，育诚公还曾邀我同至天津看望吉鸿昌女吉瑞芝，吉朱两家两代深交，有如一家，育诚公直呼瑞芝为姐，此予所亲见。彼时予尝有诗赠育诚公云：

昔年成长亚夫营，壮岁香江振长缨。
一任封疆归稼艺，半生物理爱石清。

盖育诚公幼年长于延安，就读于哈尔滨工业大学物理专业，晚岁喜收集奇石，京郊耕种为乐。

育诚公亦有和作云：

浸透京味居东瀛，老生代中一精英。

两京之间传佳艺，不忘胡同赤子情。

育诚公当为我所相识者中之首位如皋人，今岁亦已八五高龄。

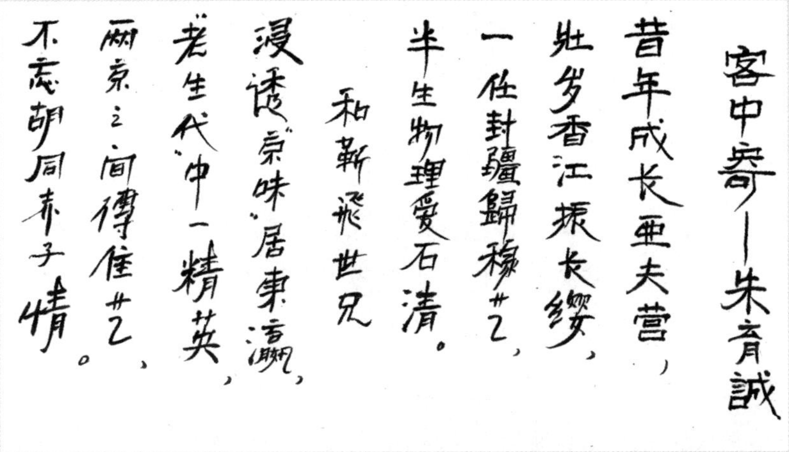

昔年成长亚夫营，壮岁香江振长缨。
一任封疆归稼艺，半生物理爱石清。

浸透京味居东瀛，老生代中一精英。
两京之间传佳艺，不忘胡同赤子情。

朱育诚书与靳飞唱和诗作

新四军隆冬过海门

皖南事变中突围之新四军撤至盐城，次年部分奉命开赴苏中，部分至浙东开辟新游击区，时任新四军《新文化》杂志主编之鲁迅弟子黄源，与恋人巴一熔一同参加浙东队伍。黄源在回忆录中忆及一九四二年十二月二十五日离开盐阜之后经历云："从盐阜到苏中，是沿海滩走，白茫茫一片，海滩上都是茅草，盐碱荒地，见不到人。但沿海驻有国民党军队。我们每天晚上在海滩上走，走到天亮才宿营。晚上走得头发晕，有的是一边走一边打瞌睡，有的走到路边上睡倒了。我们后面有个收容队，看到有睡倒的，就把他拖起来，叫他跟着走。说是在海滩上走，其实是在海滩的海水里走。上面是水，下面是沙地。有的地方水深过膝，下身衣服都湿了。有一天走到一个叫小洋口的地方，背面的小村子中，驻着日本鬼子，在村子外边有一个齐腰深的小港湾，我们只有从小港湾过去。过港没有船，怎么办？我们有两匹马，有的就骑马过去。但一百多人，只有两匹马，不够用的。我们把棉裤脱掉，卷起裤腿，手拉手，一个拉一个，涉水而过。这是隆冬腊月，走上岸后，北风一吹，腿上都结冰了，像刀割一样，冷彻骨髓。有的来不及脱棉裤，穿着棉裤下水，上岸之后，又冷又重，走不动了。到一个地方，找一块门板，或稻草什么的，赶忙睡觉。中午起来吃点东西，弄点水洗洗脚，吃过晚饭，又走。就这样走了一个多月到了海门。到了海门复兴镇后，在那里过的春节。组织上给我们发钱，做衣服。给我做了一套棉袄，棉裤，给巴一熔做了一件棉袍和一件罩衫，都换上便衣。再从苏中出海，绕过吴淞口、杭州湾，驶向浙东。”

黄源于上海解放后任军管会文艺处常务副处长，处长为夏衍兼任，五十年代初调浙江省文化局长。

若朴堂主人诗云：

师尊鲁迅志从军，转战浙东炼铁筋。

一过海门无险地，书生自此建功勋。

又记：

昔曾任新四军秘书长，后为中顾委常委之李一氓公回忆录中，亦曾记“皖南事变”突围后辗转到南通、盐城事，于南通则曾至今崇川区之任家港及如东、海安，如东、海安彼时已在苏中解放区范围。

师尊鲁迅志从军，转战浙东炼铁筋。
一过海门无险地，书生自此建功勋。

范梅强书靳飞诗作

百岁人瑞叶嘉莹论陈维崧词

百岁人瑞叶嘉莹以《唐宋词十七讲》蜚声中外，其初在教育部讲座，余即在现场，惜听众多白发翁妪，今已十难存一矣。叶氏亦作有《清词选讲》，论及陈维崧其年云，维崧之时代为“清朝的词达到一个全盛的时代”，“清词的流派里面最重要的三派就是阳羡派以陈维崧为领袖，浙西派以朱彝尊为领袖，常州派则以张惠言为领袖”。维崧为明末复社四公子陈贞慧之子，青年时如唐之马周，贫困失意，游荡四方，幸遇冒辟疆激赏，寄食如皋多年，乃为士人所熟知。其称阳羡派者，故实应以“如皋派”名之。叶嘉莹氏亦云，“陈维崧只是表面上的豪放，他盘桓沉郁的地方真是不够”，此确乎的论。然又有不尽然者，徐釚《南州草堂词话》举陈维崧为南通琵琶名手白璧双所作《摸鱼儿》，依白氏弹奏之弦歌之，“听者皆凄然泣下”。钱仲联《元明清词鉴赏辞典》亦收录此首。陈词之于当时也，得音乐家戏剧家之助，多可歌唱，尤多动人，此叶氏所未察者。陈维崧《摸鱼儿》词云：

是谁家、本师绝艺，檀板搯如许。半弯逻逤

无情物，惹我伤今吊古。君何苦，君不见、青衫已是人迟暮。江东烟树，纵不听琵琶，也应难觅，珠泪曾干处。

凄然也，恰似秋宵掩泣，灯前一对儿女。忽然凉瓦飒然飞，千年老狐人语。浑无据，君不见、澄心结绮皆尘土。两家后主。为一两三声，也曾听得，撇却家山去。

逻逤为产于今拉萨之檀木，系制作琵琶之上好材料。澄心堂与结绮阁则为南唐与南朝陈之宫室。

若朴堂主人诗云：

百岁说词老正红，重兴海内爱唐风。
评清阳羡诚精妙，却忘歌郎助维崧。

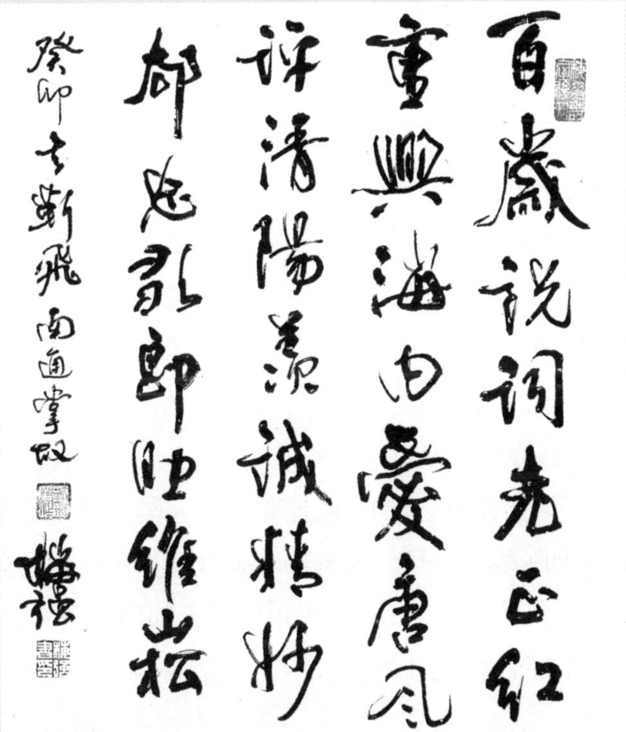

百岁说词老正红，重兴海内爱唐风。

评清阳羡诚精妙，却忘歌郎助维崧。

范梅强书靳飞诗作

徐紫云"捉弄"傅增湘

徐紫云者，清初如皋冒辟疆家班之歌童。傅增湘者，清末直隶提学使，民国教育总长。此二人者，本风马牛不相及，适有张伯驹收得陈维崧乞陈鹄所绘之《紫云出浴图》，亟欲赓续风流，遍请当时巨宦名士题咏。清直隶总督陈夔龙为之题引首"离魂倩影图"，并题七绝二首。陈此举亦多事也，此一名迹原名甚著，陈之引首实属多余。其后傅增湘自恃与陈熟稔，题画诗句云，"韵事流传感叹新，娇娆误认女儿身。嗤他海上庸庵叟，雾里看花恐未真"。庸庵即陈夔龙之号。陈再次观画时得见傅诗，勃然大怒，更题画上句云，"辛巳正月重阅《云郎出浴图》，见傅增湘题句牵涉老夫，一笑付之"。又题一诗回骂傅云，"病起重披出浴图，知君亦赋小三吾。无端牵涉庸庵叟，一笑狂奴胆气粗"。傅诗确略觉轻佻，且用"嗤"字多不妥帖，陈遂直斥傅作"狂奴"，岂一笑所能了之者。傅知陈怒事后，具书谢罪并挽伯驹斡旋。傅告伯驹云，"罗瘿公曾函其为程艳秋征诗，（傅）诗引用紫云事被（罗瘿公）退回。今又以紫云事开罪老上司（陈），何紫云之不利于余也”。此则趣闻为伯驹记入《春游琐谈》。

若朴堂主人戏题之云：

云郎土下鬼精灵，不许轻狂写小星。

总长总督诗草率，何知平地弄雷霆。

云郎土下鬼精灵，不许轻狂写小星。
总长总督诗草率，何知平地弄雷霆。

范梅强书靳飞诗作

冒鹤亭做客中南海

冒鹤亭其人，诚如瞿兑之《悼念冒广生先生》文所云，“很多老年人提到冒某的名字，总有一种感觉，似乎他不是现代的人而是清代嘉庆道光年间的人，这是因为他享名太久了，而与他早年相熟的人早已成为历史人物，在很早出版的书刊中就已经有他的名字出现”。

一九五七年冒鹤亭以八五高龄自沪至京，应陈毅之请在《人民日报》撰文《对目前整风的一点意见》。随之，《人民日报》记者、傅作义之女傅冬即来访问并发表《八五老人一席话：访冒广生老先生》。不数日，冒接陈毅电，谓得周恩来总理通知，毛泽东主席将与冒会面。毛应是亦久知冒之盛名。

六月三十日晚，毛主席秘书乘车至冒之住所，另备一车为冒所乘，冒偕子舒湮同往。此事见诸《毛泽东年谱》。冒怀苏编著《冒鹤亭年谱》亦有详记云：

时毛主席在游泳池旁一大帐篷内独自吃晚饭，是为毛主席夏令临时办公及休息之处。毛主席饭后与先生畅谈了一小时许，其中话题转于诗词方面，谈颇融洽。先生谓：“诗变为词，小令衍为长调，不外增、减、摊、破四法。蜀后主孟昶之《玉楼春·冰肌玉骨》是两首七绝，经苏轼之增字、增韵而成八十三字之《洞仙歌》。诗词贵简炼含蓄。孟昶原作本意已足，东坡好事，未免文字游戏。”毛接着说：“东坡是大家，所以论者不以蹈袭前人为非，如果是别人，后人早指他是文抄公了。”先生对此表示赞同，说：“自清以来，词人提倡填词需守四声之做法，我持有异议。宋代是词学之鼎盛时期，那时还没有词谱、词律和词韵。我作《四声钩沉》，即主张词体之解放。”毛主席对此似感兴趣，说：“旧体诗词格律过严，作茧自缚。我一向不主张青年人花了那么大精力去做。但老一辈的要做就应该做得像样，不论平仄，不讲音韵，还算甚么格律诗词。掌握格律，就觉得有自由了。”至此，毛主席另有会议，先生遂辞行，临行时，先生以《疚斋词论》《四声钩沉》《宋曲章句》三册赠呈毛主席。时胡乔木在座，兼做记录。

冒鹤亭则在次日之家信中记云，毛谓冒研究卢梭民权，是“老造反”的，毛是“新造反”的，他同老先生一个路线。冒辞出，毛亲送上车，以手遮冒头，恐其头碰至车顶。冒登车后作临别赠言，云：共产党是狮子，不可自己生虱。毛问是咬人的虱子吗？冒答是。毛拱手称谢，遂别。

若朴堂主人有诗论之云：

诗词不外几增删，云绕青山水回还。
卢梭陆游相继老，名留禁苑第一间。

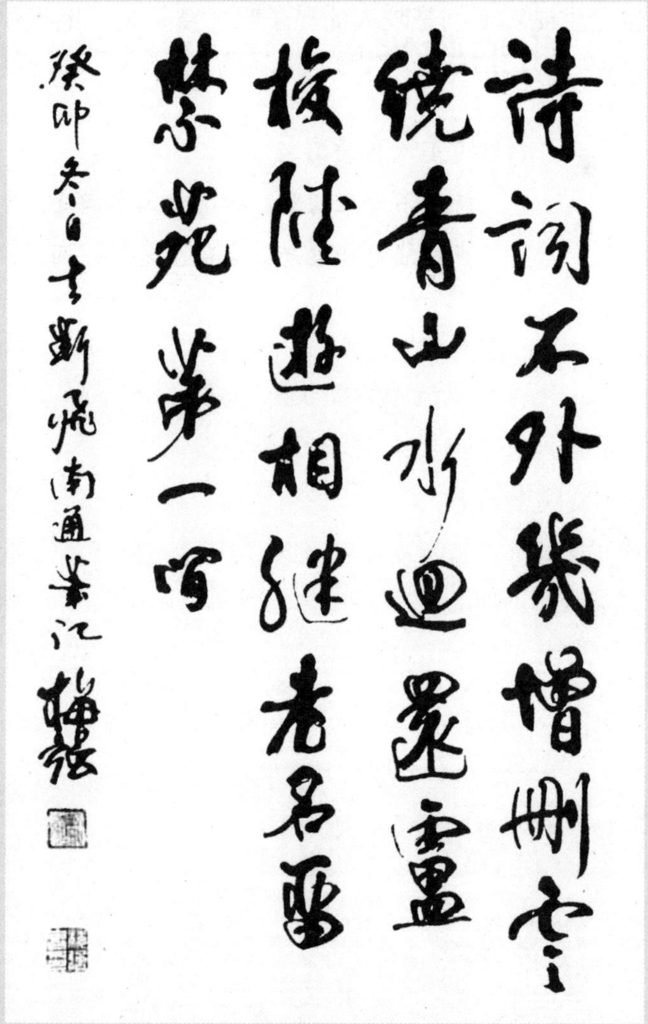

范梅强书靳飞诗作

诗词不外几增删，云绕青山水回还。
卢梭陆游相继老，名留禁苑第一间。

张伯驹终身不离《紫云出浴图》

陈维崧乞南通画家陈鹄绘《紫云出浴图》，清末为端方所有，袁世凯之第五子袁克权娶端方女，此图遂至克权处。与袁氏为同乡并有姻亲之谊之张伯驹甚爱之，二十世纪三十年代初以三千元重价强克权相让。伯驹《丛碧书画录》著录是图云："纸本，着色。像可三寸许，著水碧衫，支颐坐石上，右置洞箫一。发鬖鬖然，脸际轻红，凝睇若有所思。卷中及卷后题咏，自张纲孙、陈维岳、吴兆宽、冒襄、王士禄、王士禛、崔华、尤桐、毛奇龄、宋荦等七十四人，诗一百五十三首，词一首。清末以后题者不计。是图盖写陈其年（陈维崧）眷冒辟疆家伶徐九青（紫云）故事之一，在当时已脍炙人口。雍正间图为吴青原所得，乾隆间有一摹本，为罗两峰（罗聘）画，陈曼生手录题咏。清末是图归端方，摹本迄未发现。"

伯驹既得是图，又邀陈夔龙、夏敬观、冒鹤亭、傅增湘、夏仁虎，傅治芗、夏孙桐、关赓麟诸氏题咏，续三百年风流。伯驹亦题句"何缘粉本归三影，只有莲花似六郎"，前句用宋张先号张三影典，后句则用唐张昌宗典，二典皆张姓，亦伯驹之自诩也；下钤明刻牙章，篆“六郎私记”。伯驹以藏《平复帖》《游春图》名世，其暮年自云，“余所藏书画尽烟云散，惟此图尚与身并，未忍以让”。伯驹身后是图归于旅顺博物馆，该馆研究员房学惠另有长文著录。

予友名画家闽人林跃平君见是图照片狂喜难禁，欲摹写之，以不工诗故，属予润色，若朴堂主人乃改其原作云：

支颐或以畏风寒，度曲玉箫和泪残。

小三吾真图画地，后来到此须凭栏。

支颐或以畏风寒，度曲玉箫和泪残。
小三吾真图画地，后来到此须凭栏。

林跃平书靳飞诗作

附：

赠陈鹄

［明末清初］范国禄

畴昔南游寓白门，大开画社鸣鸠亭。
郑重山水兼人物，许仪花卉称绝伦。
其时名士数十辈，尽皆折节相服膺。
至今图册尚什袭，近来作者资传闻。
丹青妙艺非儿戏，葆有精灵见真际。
天地名物在其中，前无千年后百世。
陈君陈君尔独檀，我尝与尔亲笔砚。
爱尔生平尽美善，造诣于今特奇变。
眼花未落腕力强，愁穷聊可藉徜徉。
更向此中一游衍，功成名立将未央。
君不见许仪、郑重在当时，
翰苑题名似尔迟。
好待征书下黄阁，看尔凌烟大总持。

参考书目

《啸亭杂录》，（清）昭梿撰，何英芳点校，中华书局1980年12月版。

《池北偶谈》，（清）王士禛撰，靳斯仁点校，中华书局1982年1月版。

《岳飞传》，邓广铭著，人民出版社1983年6月版。

《林琴南文集》，林琴南著，中国书店1985年3月版。

《扫叶集》，舒湮著，生活·读书·新知三联书店1987年12月版。

《清代燕都梨园史料》，张次溪纂辑，中国戏剧出版社1988年12月版。

《吴梅村全集》，李学颖集评标校，上海古籍出版社1990年12月版。

《冒鹤亭先生年谱》，冒怀苏编著，学林出版社1998年5月版。

《孤月此心明》，舒湮著，百花文艺出版社1999年4月版。

《板桥杂记》，（清）余怀著，李金堂校注，上海古籍出版社2000年12月版。

《南通范氏诗文世家·范国禄卷》，范曾编，河北教育出版社2004年7月版。

《风流道学：李渔传》，万晴川著，浙江人民出版社2005年7月版。

《明史讲义》，孟森著，中华书局2006年4月版。

《北中国纪行·清国漫游志》，(日)曾根俊虎著，范建明译，中华书局2007年1月版。

《郑板桥年谱》，党明放著，首都师范大学出版社2009年7月版。

《陈维崧集》，(清)陈维崧著，陈振鹏标点，李学颖校补，上海古籍出版社2010年12月版。

《王士禛诗选译》，人民文学出版社2011年5月版。

《志颐堂诗文集》，沙元炳著，如皋高等师范学校点校工作组，2012年10月。

《南通张季直先生传记》，张孝若著，张謇研究中心重印，2014年1月。

《自我演戏以来》，欧阳予倩著，上海三联书店2014年8月版。

《龚鼎孳全集》，孙克强、裴喆编辑校点，人民文学出版社2014年11月版。

《冒辟疆全集》，万久富、丁富生主编，凤凰出版社2014年12月版。

《张謇诗集》，张謇著，徐乃为校点，上海古籍出版社2014年12月版。

《赵尊岳集》，赵尊岳著，陈水云、黎晓莲整理，凤凰出版社2016年9月版。

《桃花扇》，（清）孔尚任著，谢雍君、朱方遒评注，中华书局2016年11月版。

《邓汉仪集校笺》，王卓华校笺，人民文学出版社2019年12月版。

《张謇与近代百位名人》，庄安正著，中国环境出版集团2020年7月版。

《陈维崧年谱》，周绚隆著，复旦大学出版社2021年1月版。

《宣南鸿雪图志》，王世仁主编，中国建筑工业出版社2022年9月版。

《万历〈通州志〉（点校本）》，（明）林云程主修、（明）沈明臣纂，南通市地方志编纂委员会办公室整理，南京出版社2023年4月版。

致谢

感谢曾为本书提供帮助的各地好友（敬称略）：

丁剑阳	王　婷	王一舸	王志远	王际岳
邓庆璋	左健伟	卢树民	吕凤鼎	许　康
严晓星	李小红	李中慧	李红军	李峥嵘
吴　瑕	吴伟余	汪　润	张　华	张炜龙
张荣明	张慎欣	陈　俊	陈　莹	林跃平
胡东海	俞晓群	姜荣芳	宫本雄二	夏　潮
顾　红	徐　宁	徐嘉键	高一丁	葛剑雄
蒋　丰	储成剑	谢雍君	窦　强	黎　化
薛颖旦				

（按姓氏笔画排序）